Mário Mascarenhas
O MELHOR DA MÚSICA

Internacional

vol. I

Nº Cat.: 233-A

Irmãos Vitale Editores Ltda.
vitale.com.br
Rua Raposo Tavares, 85 São Paulo SP
CEP: 04704-110 editora@vitale.com.br Tel.: 11 5081-9499

© Copyright 1989 by Irmãos Vitale Editores Ltda. - São Paulo - Rio de Janeiro - Brasil.
Todos os direitos autorais reservados para todos os países. *All rights reserved*.

Mário Mascarenhas é o autor desta magnífica enciclopédia musical, que por certo irá encantar não só os músicos brasileiros como também os músicos de todo mundo, com estas verdadeiras e imortais obras primas.

AGRADECIMENTOS

A todos os editores originais e sub-editores que tão gentilmente aquiesceram em participar desta coletânea, nossos mais sinceros agradecimentos.

IRMÃOS VITALE EDITORES

Desenho original da capa: Lan

DADOS INTERNACIONAIS DE CATALOGAÇÃO NA PUBLICAÇÃO (CIP)
(CÂMARA BRASILEIRA DO LIVRO, SP, BRASIL)

Mascarenhas, Mário (1929-1992)
  O melhor da música internacional : com cifras para piano, órgão, violão e acordeon, 1º volume /
Mário Mascarenhas.   São Paulo : Irmãos Vitale

   ISBN 85-7407-064-5
   ISBN 978-85-7407-064-3

   1. Acordeon – Estudo e ensino
   2. Música – Estudo e ensino
   3. Órgão – Estudo e ensino
   4. Piano – Estudo e ensino
   5. Violão – Estudo e ensino
      I. Título.

99-1567   CDD-780.7

Índices para catálogo sistemático:
1. Música : Estudo e ensino   780.7

PREFÁCIO

"O MELHOR DA MÚSICA INTERNACIONAL"

Muito me envaideceu o convite que recebi de IRMÃOS VITALE para prefaciar mais um importante trabalho deste estudioso e sempre atualizado professor de música, Mário Mascarenhas.

Falando sobre o "MELHOR DA MÚSICA INTERNACIONAL", coletânea de joias inesquecíveis da musica de sempre, segredou-me Mascarenhas:

- Kelly, este album eu desejo dedicar a todos os corações apaixonados !

E, com efeito, se examinarmos o conteúdo deste album, vamos encontrar as páginas mais românticas e expressivas que todos os corações sabem de côr. Este repertorio recebeu do professor o melhor tratamento pianístico. Todas as melodias são apoiadas numa harmonia inteligente e moderna, enriquecida por acordes e variações oportunas. Os baixos localizados na mão esquerda (Clave de FA) dão o contorno ideal para todos os efeitos harmônicos colocados nas regiões mais apropriadas do teclado para o aprimoramento da sonoridade e do timbre.

O professor Mário Mascarenhas, com o "MELHOR DA MÚSICA INTERNACIONAL" - oferece mais um soberbo presente a todos os amantes da música. Vem ratificar seu prestigio junto ao imenso público que o acompanha em suas 106 obras editadas para piano, órgão eletrônico, violão, acordeón, flauta doce e instrumentos de teclado em geral.

A maioria das canções deste album, fazem parte da trilha musical de filmes inesquecíveis. São músicas, por vezes, hoje em dia, muito raras e difíceis de ser encontradas nas prateleiras das lojas especializadas. Agora, através desta maravilhosa enciclopédia, o repertório se torna acessível a todos os seus admiradores.

PARABENS, PROFESSOR MASCARENHAS !!!
PARABENS, IRMÃOS VITALE !!!
VAMOS AO PIANO !!!
A SAUDADE CHEGOU !!!

João Roberto Kelly

ÍNDICE

	Pág.
A CANÇÃO DO MOULIN ROUGE — William Éngivick — George Auric	230
"A" COMME AMOUR — Paul Seneville — Olivier Toussaint	182
AI, MOURARIA — A. do Vale — Frederico Valério	200
ALL OF ME — Seymons Simons — Gerard Marks	208
AMOR — Ricardo Lopes Mendez — Gabriel Ruiz	142
ANGELITOS NEGROS — André Eloy Blanco — Manoel Alvares Maciste	159
ANGUSTIA — Orlando Brito	18
AQUELLOS HOJOS VERDES — Adolfo Utrera — Nilo Menendez	140
AS TIMES GOES BY — Herman Hupfeld	103
BABALU — Margarita Lecuona	166
BECAUSE OF YOU — Arthur Hammerstein e Dudley Wilkinson	70
BEGUIN THE BEGUINE — Cole Porter	50
BESAME MUCHO — Consuelo Velasquez	260
BLUE MOON — Lorenz Hart — Richard Rodgers	124
CHARRIOTS OF FIRE — Vangelis	254
COIMBRA — Raul Ferrão — José Galhardo	263
CONTIGO — Cláudio Estrada	146
COUBANAKAN — Sauvat — Chanfley — Moisés Simons	137
DIEZ AÑOS — Rafael Hernandez	156
DIO COMO TI AMO — Domenico Modugno	6
DO, RÉ, MI — Oscar Hammerstein II — Richard Rodgers	114
DOS ALMAS — Don Fabian	266
EBB TIDE — Carl Sigman — Robert Maxwell	118
EL DIA QUE ME QUIERAS — Alfredo Le Pera — Carlos Gardel	32
FRENESI — Alberto Dominguez	85
FASCINATION — J. Morley — Versão de Armando Lousada — F.D. Marchetti	12
GEORGIA ON MY MIND — Stuart Gorell — Hoagy Carmichael	61
GRANADA — Agustin Lara	172
HI-LILI, HI-LO — Halen Deutsch — Bronislaw Kaper	100
HISTÓRIA DE UN AMOR — Carlos Almaran	268
HYMNE À L'AMOUR — Edith Piaf — Marguerite Mannot	39
I CAN'T GIVE YOU ANYTHING BUT LOVE, BABY — D. Fields — J. Mc-Hugh	88
I'M IN THE MOOD FOR LOVE — Jimmy Mc-Hugh — Dorothy Fields	206
IN THE MOOD — Andy Razaf — Joe Garland	244
INDIA — Manuel Ortiz Guerrero — José Assunción Flores	36
LA BARCA — Roberto Cantoral	270
LA CUMPARSITA — G.H. Matos Rodrigues	148
LA MER — Charles Trenet	131
LA VIE EN ROSE — Edith Piaf — Louigy	144
LAURA — Johnny Mercer — David Raskin	121
LISBOA ANTIGA — J. Galhardo — A. do Valle — Raul Portela	29
LIMELIGHT (LUZES DA RIBALTA) — Geofrey Parsons — Charles Chaplin	232
LOVE IS A MANY SPLENDORED THING — Francis Webster — Sammy Fain	66
LOVE IS BLUE — Brian Blackburn — André Popp — Pierre Cour	238
LOVE LETTERS — Edward Hayman — Victor Young	224
LOVE THEME FROM ROMEO AND JULIET — Nino Rota	252
MALAGUEÑA — Elpidio Ramirez — Pedro Galindo	134
MAMBO JAMBO — Perez Prado — Versão Haroldo Barbosa	177
MANHATTAN — Lorenz Hart — Richard Rodgers	184
MARIA BONITA — Agustin Lara	162

	Pág.
MELÔ DO PIANO — Bebu Silvetti	42
MICHELLE — John Lennon — Paul Mc-Cartney	241
MISTY — Johnny Burke — Erroll Garner	92
MOONLIGHT SERENADE — Mitchell Parish — Glenn Miller	250
MY WAY — Paul Anka — Jaques Revaux — Claude François — G. Thibault	214
NEVER ON SUNDAY — Billy Towne — Manos Hadjidakis	97
NEW YORK, NEW YORK — Fred Ebb — John Kander	246
NIGHT AND DAY — Cole Porter	221
ONLY YOU — Buck Ram — Ande Rand	195
OVER THE RAINBOW — E.Y. Harburg — Harold Arlen	275
PEOPLE — Bob Merril — Jule Styne	79
PERFIDIA — Alberto Dominguez	218
QUE RESTE-T'-IL DE NOS AMOURS — Charles Trenet	55
RAINDROPS KEEP FALLIN ON MY HEAD — Hal David — Burt Bacharad	111
RECUERDOS DE YPACARAY — Z. de Mirkin — Demétrio Ortiz	26
SABOR A MI — Álvaro Carrilo	64
SAINT LOUIS BLUES — W.C. Handy	272
SEMPRE NO MEU CORAÇÃO — Kim Gannon — Versão M. Mendes — E. Lucuona	44
SIN-TI — Pepe Guizar	258
SINGING IN THE RAIN — Arthur Fred — Nacio Herb Brown	279
SMILE — J. Turner — G. Parsons — Charles Chaplin	256
SONG FOR ANNA — André Pop — Jean Claude Massoulier	203
SMOKE GETS IN YOUR EYES — Otto Harbach — Jerome Kern	20
SOME WHERE IN TIME — John Barry	188
SOME WHERE IN LOVE — Paul Francis Webster — Maurice Jarre	227
SOLAMENTE UNA VEZ — Bolero — Agustin Lara	282
SPEAK SOFTLY LOVE — Larry Kusik — Nino Rota	24
STAR DUST — Mitchel Parish — Hoagy Carmichael	190
STRANGERS IN THE NIGHT — Charles Singleton — E. Snyder — B. Kaempfert	180
SUMMERTIME — Du Bese Heyward — George Gershwin	192
TE QUIERO DIJISTE — Maria Grever	73
TEA FOR TWO — Irbing Caeser — Vincent Youmans	82
TI VOGLIO TANTO BENE — Domenico Forno — Ernesto de Curtis	151
TENDER IS THE NIGHT — Francis Webster e Sammy Fain	9
TENDERLY — Jack Lawrence — Walter Gross	22
THE ENTERTAINER — Scott Joplin	58
THE MAN I LOVE — George Gershwin — Ira Gershwin	234
TEQUILA — Paulo Rogério — Chuck Rio	76
THE SHADOW OF YOUR SMILE — F. Webster — Johnny Mandel	198
THE SOUND OF MUSIC — Oscar Hammerstein II — Richard Rodgers	108
THE THIRD MAN — Anton Karas	169
THE WINDMILLS OR YOUR MIND — Michael Légrand	90
THEME FROM LOVE STORY — Francis Lai	106
THIS IS MY SONG — Charles Chaplin	236
TOO YOUNG — Silvia Dee — Versão R. Bastos — Sid Lippman	94
UN HOMME ET UNE FEMME — Pierre Baroh — Música de Francis Lai	15
VEREDA TROPICAL — Gonzalo Curiel	46
VAYA CON DIÓS — Larry Russel — Inez James e Buddy Pepper	211
YESTERDAY — John Lennon — Paul Mc-Cartney	154
YOU'LL NEVER KNOW — Mack Gordon — Harry Warren	128

Dio, come ti amo

(Meu Deus, como te amo)

Letra e Música de Domenico Modugno

7

TOM — LÁ MENOR
Am E7 Am

Introdução: *Am Fm Am Fm*

     Am   *Fm*
Nel cielo passano le nuvole
           Fm/Ab *Am7*
Che vanno verso il mare
Am7   *Fm*
Sembrano fazzoletti bianchi
                Am9 Am
Che salutano il nostro amore.

Refrain:

E7 Am
Dio, come ti amo!
Am7   *Dm G7*
Non é possibile
E7 *Am*   *F*
Avere tra le braccia
         DmDm/C
Tanta felicitá.
Bm5- *E7*
Baciare le true labbra
              Am
Che odorano di vento
  B7   *E7*
Noi due innamorati
          F7 E7
Come nessuno al mondo.

Am
Dio, come ti amo!
Am7   *Dm7* *G7*
Mi vien da piangere
E7 *Am*   *F*
In tutta la mia vita
        Dm
Non ho provato mai
Bm5- *E7*
Un bene cosi caro,
             Am
Un bene cosi vero...
  Dm   *F7*
Chi puó fermare il fiume
          Dm
Che corre verso il mare...
Bm5-   *Am7*
Le rondini nel cielo
  Am7   *Dm7*
Che vanno verso il sole?
         Dm/F
Chi pub cambiar l'amore
Dm7   *E7*
L'amore mio per te?
Am7   *Am6*
Dio, come ti amo!

Finale:

Am7   *Am6F7M/A Am9 Am*
Dio, come ti amo!

Tender is the night

Letra de Paul Francis Webster

Música de Sammy Fain

© 1961 By 20TH CENTURY MUSIC CORP § SBK SONGS DO BRASIL EDIÇÕES MUSICAIS LTDA.

Cm7
Cm/Bb
Am5-
Ab7M
F/G
Em7
Dm7
C
Gm7
C13
F7M
Bb11+
A5+
Dm7
Bm5-
E9-
Am
Fm/Ab
C/G
Dm/G
G9
1.
C7M
G7 4
G4
G13
2.
C 6 9
Fm9
C 7M 9
Pedal

```
TOM — DÓ MAIOR
C  G7  C

Introdução: Cm  Am5-  Ab°  Cm  F#°  G7
                           G    G
```

```
     Cm7        G9-      Cm
    Tender is  the night
 Gb/Ab  Dm5-   Ab7      G7  G13
    So tender is  the night
               C       F7      Em7
    There's no one in the world
        A7       Dm9        A5+
    Except the two of us.


    Dm
    Should tomorrow
    E9-          Am7
    Find us disenchanted
    D7
    We have shared a love
                    Fm/Ab  G4  G7
    That few have known.


    Cm7          Cm/Bb  Am5-  Ab7M
    Summers by the     sea
       F/G       Em7  Dm7
    A sailboat in Capri
       F/G                Gm7
    These memories shall be
           C13    F7M  Bb11+  A5+
    These very own.


    Dm7          Bm5-         E9-
    Even though our dreams may vanish
    Am           Fm/Ab
    With the morning light
       C/G
    We loved once in splendor
          Dm7       G7      C69   Fm9  C67M
    How tender how tender the night
```

Fascination

Valsa

Letra Inglêsa de J. Morley Versão de Armando Louzada

Música de F. D. Marchetti

© 1944 By SOUTHERN MUSIC PUB. CO. LTDA/IRMÃOS VITALE S/A IND. E COMERCIO.

Dm7
G5+
C
F
C5+
F
C5+
F7M
Dm7
Gm7
C7
Gm7
C7
Gm7
C7
F/A
C9
F
C5+
F
C5+
F7M
F
B7
B♭7M
Gm/B♭
F/C
Dm7
Gm7
C7
F

TOM — DÓ MAIOR
C G7 C

Introdução: C G7 C

           C C°   C7M9
Os sonhos mais lindos sonhei
G13   C/E   Bb°   Dm7 A5+
De quiméras mil um castelo ergui
    Dm A5+   Dm7 A5+
E no teu olhar, tonto de emoção,
      Dm7   Fm/A
Com sofreguidão, mil venturas previ.

G7   C   C7M9
Teu corpo é luz, sedução,
    C9/E   Eb° Dm7 A5+
Poema divino, cheio de esplendor,
    Dm7
Teu sorriso prende,

Inebria,
    D7/A G7
Entonte - ce
    Dm7 G5+   C
És fascinação... a - mor!

DECLAMANDO

(Orquestra 1ª parte)

A sorrir, a cantar, a beijar,
Nossas bocas se uniam, então,
E os campos sorrindo viviam
E nos vendo, as flores se abri---am
Mas um destino mau certo dia chegou,
E sem o teu coração fi-cou.

2ª Parte

  F   C5+   F
Hoje sombra sou do que fui
 C5+ F7M Dm   Gm   C7
Minhas ilusões o destino levou
 C7   Gm7
Nada mais existe, desde que partiste,
 C7   GM7   C7   F C7
E em meu coração, só saudade ficou.
 F   C5+   F
Vivo com o passado, a sonhar,
 C5+ F7M   F   B7
Vendo-te, ainda, em meu coração,
       Gm7   F/C   Dm7
Mas, tudo promessas, quimeras, mentiras,
  Gm7   C7 E
Da tua Fascinação!

Un Homme et une Femme

(Um homem e uma mulher)

Letra de Pierre Barouh

Música de Francis Lai

© 1966 By EDITIONS SARAVAH/FERMATA DO BRASIL LTDA.

Am7
Dm7
G7
G5+
C6
F7M
C7M
F#m7
B7
B5+
E7M
Em7
A7
A5+
D7M
D6 9
C7M
C#7M
Ao
Coda
E7M
F#m7
A/B
B7
E7M
F#m7
A/B
B5+

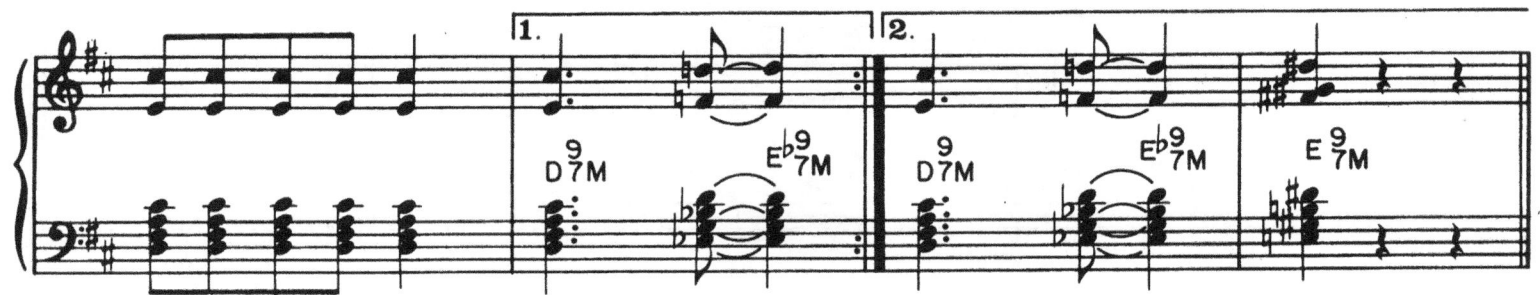

TOM — RÉ MAIOR
D A7 D

Introdução: D A7 D

    D74   D74
Comme nos voix badabada   badabada
    D74   C#7
Chantent tous bas   badabada   badabada
C#7   C7M9
Nos coeurs y voient   badabada   badabada
           F#m5-7
Comme une chance
B7   B9-   EbM
Comme un espoir.

    D7M   D7M
Comme une voix badabada   badabada
    D7M   C#7
Nos coeurs y croient   badabada   badabada
C#7   C7M9
Encore une fois   badabada   badabada
C7M   F#m5-7
Tout recommence
B7   Am7
La vie repart.

        Dm7
Combien de joies
G7   C7M   Am7
Bien des drames
     Dm7
Et voi-là!
   G7 G5+   C6   F7M C7M
C'est une longue histoire
F#m7
Un homme
B7   E7M
Une femme
    Em7   A5+   D7M
Out forgé la trame du hasard.

    D7M   D7M
Comme no voix badabada   badabada
    D7M   C#7
Chantent tout has badabada   badabada
C#7   C7M9
Nos coueurs y voient   badabada   badabada
C7M   F#m5-7
Comme une chamce
B7   Am7
Comme un espoir.

    D7M   D7M
Comme nos voix badabada   badabada
    D7M   C#7
Nos coeurs en joie   badabada   badabada
C#7   C7M9
Ont fait le choix   badabada   badabada
C7M   F#m5-7
D'une romance
B7   Am7
Qui passai lá

F#m7   A/B   B7 E7M
Chance qui passait lá
F#m7   B5+   E7M
Chance pour moi et toi badabada   badabada
D7M   EbM   E7M
Toi et moi   badabada   badabada.

Angustia

Bolero

Letra e Música de Orlando Brito

© 1956 By P.I.C. § IRMÃOS VITALE S/A INDUSTRIA E COMERCIO.

TOM — DÓ MAIOR
C G7 C

Introdução: Cm Dm5- G5+ Ab7M Cm7 Fm7 Dm7 Dm5- G5+ Cm Abl3 G7

Letra Castelhana

   Cm   *Fm7*
Angustia de esperar por ti

   Dm5- G7   *Cm7*
Tormento   de tener tu amor

   Cm7   *Fm7*
Angustia de no besarte mas

   Dm5- G7   *Cm7*
Nostalgia   de no encuchar tu voz.

Fm   *G5+ G7*   *Cm Cm7*
Nunca podré olvi - dar

Fm   *D79-*   *F/G*
Nuestras noches junto al mar

  Cm   *Fm*
Contigo se fué toda ilusión

  Dm5- G7   *Cm*
La angustia   llenó mi corazón.

Versão Brasileira

   Cm   *Fm7*
Angustia de esperar por ti

   Dm5- G7   *Cm7*
Tormento - de esperar-te, amor,

   Cm7   *Fm7*
Angustia de não beijar-te mas

   Dm5- G   *Cm*
Tristeza   de não escutar-te a voz,

Fm   *G5+ G7*   *Cm Cm7*
Não poderei esquecer

Fm   *D79-*   *F/G*
Nossas noites junto ao mar

  C   *Fm*
Contigo se foi a ilusão

   Dm5- G7   *Cm Fm7 G5+ Cm*
E a angustia   feriu meu coração.

Smoke gets in your eyes

(Fumaça nos teus olhos)

Letra de Otto Harbach

Música de Jerome Kern

© 1933 By T.B. Harms COMPANY/WARNER § CHAPPELL EDIÇÕES MUSICAIS LTDA.

TOM — Mlb MAIOR
Eb Bb7 Eb

Introdução: *Eb Fm Eb G° Bb7 Eb5+*

      Eb   Cm7   Ab7M
They asked me how I knew

Bb7   Eb   Eb5+
My true love was true ?

Ab°   Eb7M/Bb
I of course replied:

   Cm7   Fm79 Bb13   Eb C9 Fm
"Something here inside cannot be denied"

Bb13 Eb Cm7   Ab/Bb
They said someday you'll find

Bb7   Eb Eb5+
All who love are blind

Ab7M A°   Eb7M
When your heart's on fire

  C13   Fm79
You must realize

Bb13   Eb7M Ab/Bb
Smoke gets in your eyes.

Eb7M B7
So I chaffed them

  G#m7
And I gayly laughed

            C#m7 C° C#m7
To think they could doubt my love

B7   Abm7
Yet today, my love has flown away

Bb7 Eb Cm7 Fm/Bb Bb13
I'm without my love.

Eb Cm   Fm7
Now laughing friends deride

Bb7   Eb Eb5+7
Tears I cannot hide

Ab7M A°   Eb/Bb
'So I smile and say

Cm7   Fm79
When a lovely flame dies

Bb13   Ab7M Eb74
Smoke gets in my eyes.

Tenderly

Canção

Letra de Jack Lawrence

Música de Walter Gross

TOM — MIb MAIOR
Mib Bb7 Mib

Introdução: Cm Fm Bb9

            Eb7/M
The evening breeze
          Ab13
Caressed the trees
   Eb7 Ab9
Tenderly
        Fm7
The trembling trees
         Abm6
Embraced the breeze
   Eb Gm7 Fm7 Eb7M
Tenderly.

     Abm Bb7
Then you and I
     Abm6 Dm5-9
Came wandering by
G7 Cm7 F7
And lost in a sign
   Bb7 Abm/Cb
Were we.

     Bb7 Eb7M
The shore was kissed
        Bb5+
By sea and mist
   Ebm7 Ab/3
Tenderly
     Fm7
I can't forget
       Abm6
How two hearts met
     Eb Gm7 Fm7 Eb
Breathlessly.

   Abm7 Dm5-9
Your arms opened wide
G7 Cm7 F79
And closed me inside
   C5,+ Gm7
You took my lips
           Fm7 Eb
You took my love, so tenderly.
Ab7M Eb Fm7 Eb7M

Speak Softly Love

Letra de Larry Kusik
Música de Nino Rota

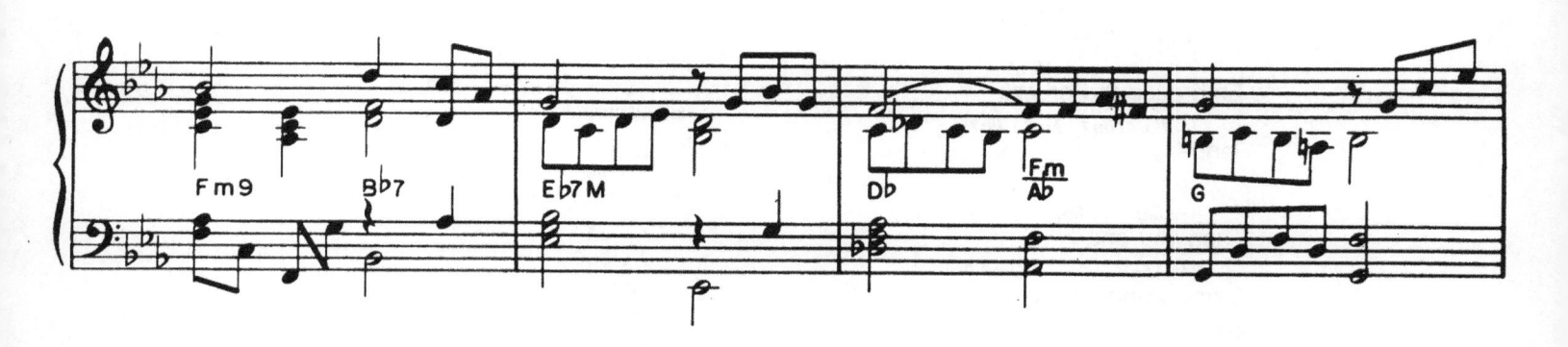

TOM — DÓ MENOR
Cm G7 Cm

Introdução: *Cm Fm6   Cm Fm6*
              C   C

               Cm   *Fm/C*   *Cm*
Speak softly, love and hold me warm against your heart
         Cm7   *Cm/Bb*   *Fm/C Gmb*
I feel your words the tender, trembling moments start
Fm7   *Fm7*   *Cm*
We're in a world our very own
    Cm   *G7*   *Cm*
Sharing a love that only few have ever know.

      Fm7   *Bb7*   *Eb7M*
Wine colored days warmed by the sun
    Db *Fm/Ab*   *G*
Deep velved nights   when we are one
     Cm   *Fm/C*   *Cm9*
Speak softly, love, so no one hears us but the sky
     Cm7   *Cm/Bb*   *Fm Cm6 Fm*
The vows of love we make will live until we die.

   Fm/C
My life is yours
   Cm
And all because
  Fm6
You came into my world
 G5+ *G7* *Cm*
With love so softly love.

Recuerdo de Ypacarai

(Lembranças de Icaraí)

Polca Paraguaia

Letra de Z. de Mirkin

Música de Demetrio Ortiz

© 1953 By EDICIONES INTERNACIONALES FERMATA/FERMATA DO BRASIL LTDA.

27

TOM — DÓ MAIOR
C G7 C

Introdução: F7M F/G Em7M Am7 Dm7 Dm7 G7 C
                                              G

    C   C7M
Una noche tibia nos conocimos
            Em7   Am7 Dm7
Junto al lago azul de Ypacarai
G7   Dm7   G7 Dm7 G7
Tu cantabas triste por el camino
Dm7   F   C7M
Viejas melodias en guarani.

C7M   F7M   C7M
Y con el embrujo de tus canciones
      Bb/C   C   F7M
Iba renasciendo tu amor en mi
        F/G   C/E Dm
Y en la noche hermosa de plenilunio
C7M   Am74   Dm7
De tu blanca mano senti el calor
     Dm7/G   C
Que con tus caricias me dió el amor.

Gm7   C7 F7M F/G
Donde estás ahora cuñatai
    Em7   Am7
Que tu suave canto no llega a mi
     Dm7
Donde estás ahora
   Dm7/G
Mi ser te adora
  C9
Con frenesi.

Bb/C C7 F7M   F/G
Todo te recuerda mi dulce amor
    Em7   Am7
Junto al lago azul de Ypacarai
   Dm7
Todo te recuerda
  G7
Mi amor te llama
  C
Cuñatai.

Lisboa Antiga

Fado Marcha

Letra J. Galhardo e A. do Vale

Música de Raul Portela

Cm7
Fm/A♭
Fm
Gm7
A♭7
G7
C
G7
C
E♭°
O —— lhai
Dm7
G4
G7
C
F7
C/E
E♭°
Dm
G7
Dm7
G7
C
B♭/C
C7
F
F/G
G7
C7M
F7M
C7M
Am7

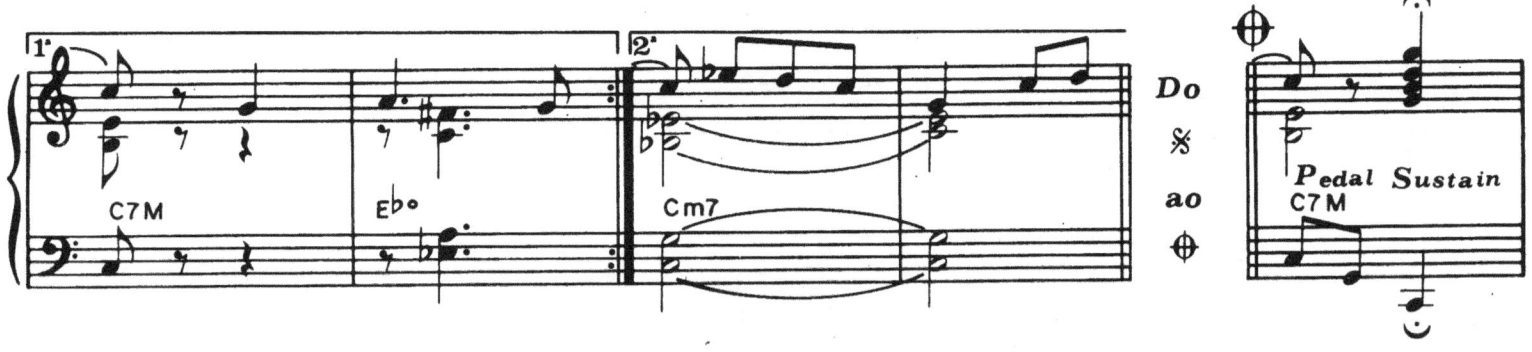

TOM — DÓ MENOR
Cm C7 Cm

Introdução: *C Dm Dm7 G7 G Fm Cm.*

              Cm/Eb   Dm/G   Dm7   G7
       Lisboa,   velha cidade,
Fm   G4   G7   Cm   G4   G7
       Cheia de encanto e beleza
Cm   B67
       Sempre formosa a sorrir
             Ab7   Dm5-   G7
       E ao vestir sempre airosa,
Cm   Cm7   Fm
       O branco véo da saudade
       Gm7   Ab7   G7   C
       Cobre o teu rosto de linda princesa.

      Ebº   Dm7
       Olhai, senhores.
      G7   C   F7
       Esta Lisboa de outras eras,
C/E·   Ebº   Dm
       Dos cinco reis das esferas,
G7   Dm7 G7   C   Bb/C
       E das toiradas   reais,
C7   F   G7   C7M   F7M
       Das festas, das seculares procissões,
C7M   Am7   G7   Ab
       Dos populares pregões matinais
G7   F/G G7   C   F7M   C7M
       Que já não voltam mais.

El dia que me quieras

Canção

Letra de Alfredo Le Pera

Música de Carlos Gardel

G7
C7
F7 9
B♭13 ♭7
a tempo
refrão
E♭7M
Dm4
G7
Cm7 9
Cm7
E♭4 7
E♭7
A♭7M
A♭6
Gm4
C7
Fm9/A♭
Fm/A♭
Fm7 9
B♭7
Dm5-
G5+
Cm9
Cm/B♭
Cm9/B♭
E♭/F
F7
Fm9

Bb9
Eb
Dm7
G4
G7
Cm
Cm7 9
Eb/Bb
Eb7/Bb
Ab7M
4
Gm7
C7
Fm
Fm7
Ab7
4
G7
G7
C7
C9
Fm7
Abm7
Ab6
Eb7M/Bb
A°
Eb7M/Bb
Ab/Bb
Bb7
1.
Eb
Eb6 9
Ab/Bb
Bb9-
2.
Eb
Abm
Eb7M 9

TOM - MIb MAIOR
Eb Bb7 Eb

Introdução: *Ab G7 Fm Abm7 Abm6 Eb7M Ab° Eb Ab Eb*
Eb Eb

        Eb7M
Acaricia mi ensueño
       Cm7
El suave murmullo
     Fm8 Dm5-
De tu suspirar
    G5+ Cm9
Como rie la vida
     Fm4
Si tus ojos negros
   F7   Ab/Bb Bb7 Eb7M
Me quieren mirar.

       Eb7M
Y si es mio el amparo
    Em5-
De tu risa leve
        Bb/F Ab11+13
Que es como un cantar
G7   C7
Ella aquieta mi herida
F79   Bb713
Todo, todo se olvida.

      Eb7M
El dia que me quieras
Dm4   Cm79 Cm7
La rosa que engalana
    Eb7M Ab7M Gm4
Se vestirá de fiesta
   C7   Fm9/Ab
Con su mejor color.

   Fm79   Bb7
Al viento las campanas
Dm5-   Cm9
Diran que ya eres mia
Cm/Bb   Eb/F
Y locas las fontanas
F7   Fm9 Bb9
Se contarán tu amor.

      Eb Dm7
La noche que me quieras
Eb   Cm Cm7
Desde el azul del cielo
Gm7   Ab7M
Las estrellas celosas
  C7   Fm Fm7
Nos mirarán pasar
   Ab   G4 G7
Y un rayo misterioso
C7 C9   Fm7
Hará nido en su pelo
Abm7   Eb7M
Luciérnaga curiosa
 Ab° Eb7M   Ab Bb7 Eb Abm Eb7M9
Que vera que eres mi consuelo

DECLAMADO:

El dia que me quieras
No habrá más que armonias
Será clara la aurora
Y alegre el manancial

Traerá quieta la brisa
Rumor de melodias
Y nos darán las fuentes
Su canto de cristal.

El dia que me quieras
Endulzará sus cuerdas
El pájaro cantor
Florecerá la vida
No existirá el dolor.

India

Guaránia

Letra de Manuel Ortiz Guerrero

Música de José Assunción Flores

1942 By EDICIONES INTERNACIONALES FERMATA/FERMATA DO BRASIL LTDA.

37

TOM — RÉ MENOR
Dm A7 Dm

Introdução: *Gm Dm A7 Dm*

Dm
India bella mescla de diosa y pantera
Dm
Doncella desnuda que habita el Guairá
Dm
Arisca romanza curvó sus caderas
Dm
Copiando un recodo de azul paraná

D   Em
De su tribu la flor
A7   D
Montaraz guayki
D   Em
Eva arisca de amor
A7   D
Del eden guarani

Dm
Bravea en la sienes su orgullo de plumas
Dm
Su lengua es salvage panal de eiruzu
Dm
Collar de colmillos de tigres y pumas
Dm
Enjoya a la musa de Ibituruzu

D   Em
La silvestre mu;jer
A7   D
Que la selva es su hogar
D   Em
También sabe querer
A7   D
Tambien sabe soñar.

Hymne à L'Amour

(Hino ao Amor)

Letra de Edith Piaf

Música de Marguerite Mannot

© 1949 § 1953 By EDITIONS EDIMARTON/EDITORA NOSSA TERRA LTDA.

Em7
Am7
Am9
Am7/D
D9
G
G5+
C7M
Cm6
G
A7+
D9-
G
Em
B7
Em
Em
B7
Em
C9
B7
C#m5- C7
B7
Am7
Am6
G7M
C7M
F#m5- B7
Em
Em7/D
C7M
Am7
C/D
D7
G
B7/F#
Em
Em7
Am7
Am9

TOM — SOL MAIOR
G D7 G

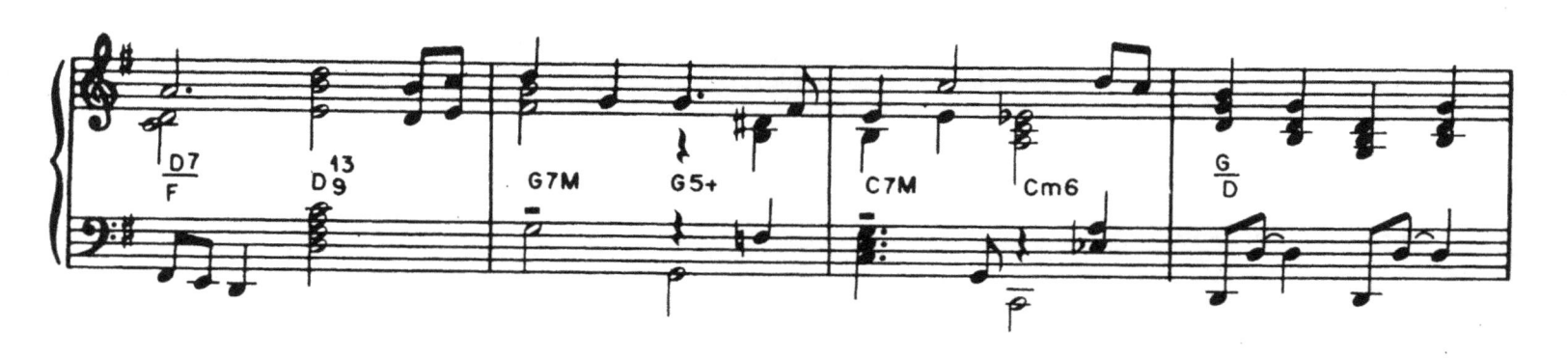

Introdução: *G7M13 Em9 C7M Em5- Eb9 D7*

     G   *B7/F#*   *Em Em7*
Le ciel bleu sur nous peut s'écrouler
  Am7   *Am7 D7*
Et la terre peut bien s'effoudrer
     G7M G5+ C7M Cm6
Peu m'import si tu m'aimes,
     G   *Em7*   *Em9 A13 A13- D7*
Je me moque du monde entier
    G   *B7/F#*   *Em7*
Tant qu'l'amour inondra mes matins
     Am7   *Am9*   *Am7 D9*
Que mon corps frémira sous tes mains
    G   *G5+*   *C7M Cm6*
Peu m'importe les grands problèmes,
    G   *A7 D9*
Mon amour puisque tu m'aimes.

   G   *Em*   *B7*   *Em*
J'irais jusqu'au bout du monde,
     Em   *B7*   *Em*
Je me ferais teindre en blonde
    C9   *B7 C#m5- C7 B7*
Si tu me le demandais
     Am7 Am G7M
J'irais décrocher la lune,
    C7M F#m5- B7 Em
J'irais voler   le fortune
    C7M Am7 C/D D7
Si tu me le demandais
    G   *B7/F#*   *Em Em7*
Nous aurons pour nous l'éternité
    Am7   *Am9 D7 D13*
Dans le bleu de toute l'immensité
    G7M G5+   *C7M Cm6*
Dans le ciel plus de problèmes,
        G/D
Dieu réunit ceux qui
Am/D D9- G
S'ai — ment.

Melô do Piano

Bebu Silvetti

Am7
F♯m 5- 7
B7
Em
Am7
D7
Bm7
Em7
Am7
D7
G7M
E9-
Am7
D7
Bm7
Em7
Am7
F♯7
F♯m 5- 7
1.
B7
2.
B7
Em

Sempre no meu coração

(Always in my heart)

Letra Inglêsa de Kim Gannon
Letra Português de Mário Mendes

Música de Ernesto Lecuona

© 1943 By SOUTHERN MUSIC PUB/IRMÃOS VITALE S/A. INDÚSTRIA E COMÉRCIO.

TOM — SI Maior
Bb F7 Bb

Introdução: *Bb F7 Bb*

        Eb7   BbM9 Eb7
You are always in my heart
Bb7M   Eb9   Bb Eb7
Even tho, you're far away,
Bb7M   Eb7   Bb
I can hear the music
        Bb/D
Of the song of love
   Dbo   Cm7 G5+
I sang with you.

Cm7   Eb7 Dm7
You are always in my heart
Cm7   Dm7
And when skies above are grey
Cm7 F7   Cm7
I remember that you care
F7   Cm7 F5+ Bb7M
And there the sun braks thru.
    Eb7   Bb7M Eb7
Just before I go to sleep
Bb7M Eb7   Bb Eb7
There'is a rendevous I keep
Bb7M   Fm7
And the dream I always meet
Bb7M   Dm7 G7 Cm7 G7
Helps me forget we're far apart
Cm7   Ebm6
I don't know exatly when dear

Ab7   Bb7M Eb7
But I'm sure we'll meet again dear
Bb7M Gm7   F7
And my darling till we do
Cm7 F7   Bb6 Bb7M
You are always in my heart.

       Eb7   Bb7M9 Eb7
Sempre no meu coração
Bb7M   Eb9   Bb Eb7
Perto ou longe estarás
Bb7M Eb7   Bb
E ao cantar esta canção
        Db/D   Dbo Cm7 G5+
Sei que jamais me esquecerás...
Cm7   Eb7 Dm7
Sempre no meu coração,
Cm7   Dm7
Na alegria e na dor
Cm7   F7   Cm7 F7
Lembrarei, com emoção,
     Cm7 F5+ Bb7M Cm7 E 13
Que um dia tive o teu amor...

Bb7M   Eb9   Bb7M Eb7 Bb7m
Sempre no meu coração
   Eb7   Bb Eb7 Bb7M
O teu nome guardarei
        Fm7
E na minha solidão
    Dm7 G7 Cm7
Em minhas preces rezarei...
G7   Ebm6
E si nunca mais voltares
Ab7   Bb7M Eb7
Prá ter fim os meus pezares
Bb7M Gm7   E7
Guardarei teu vulto, então
Cm7 F7   Bb6 Eb7M Bb7M
Sempre no meu coração...

Vereda Tropical

Rumba

Letra e Música de Gonzalo Curiel

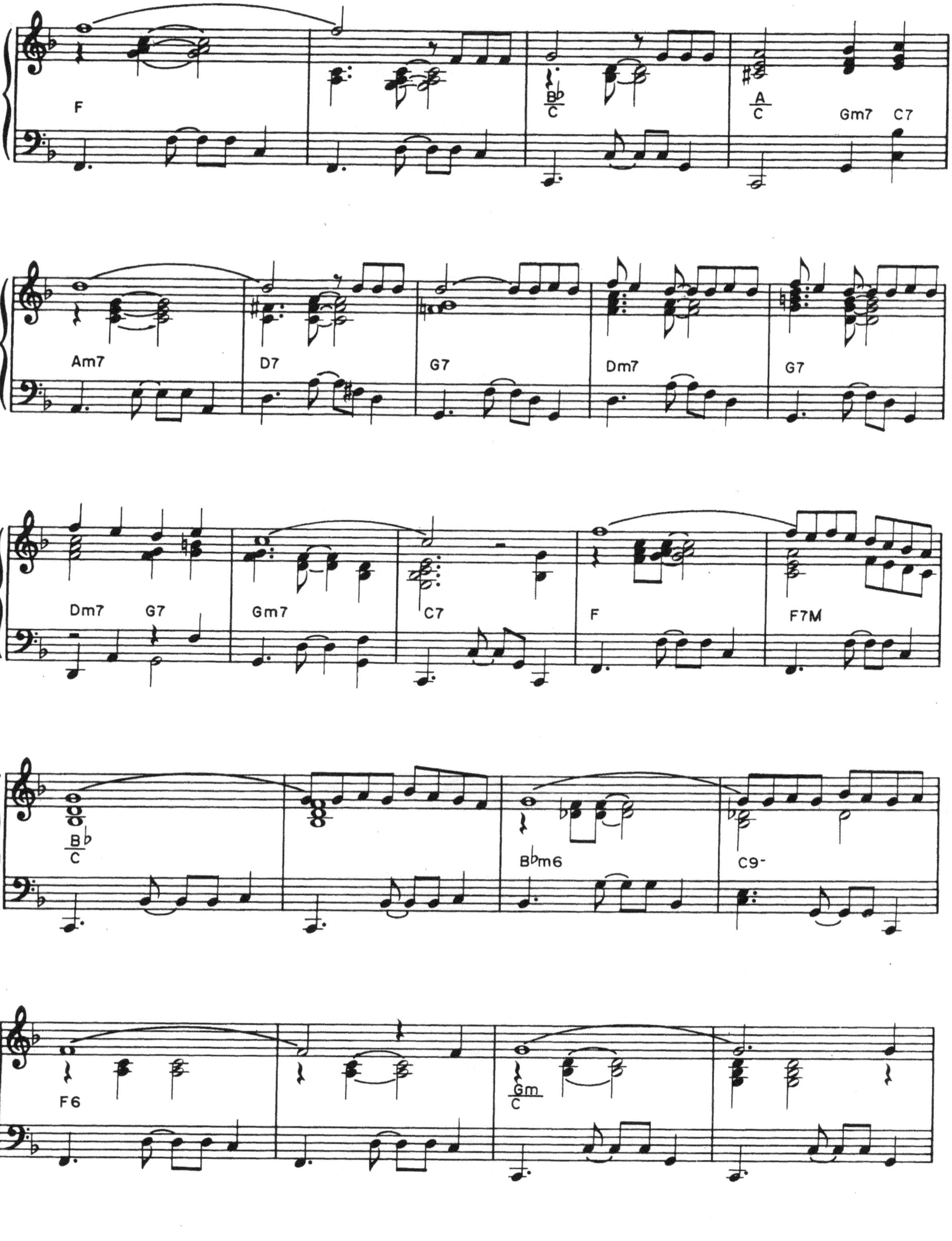
F
B♭/C
A/C
Gm7
C7
Am7
D7
G7
Dm7
G7
Dm7
G7
Gm7
C7
F
F7M
B♭/C
B♭m6
C9-
F6
Gm/C

F6
Gm/C
F
B11+
B♭7M
B♭7M
C/B♭
Am7
Dm7
Gm7
Gm7/C
C7
F7M
E♭/F
B♭7M
B♭7M
C/B♭
Am7
Dm7
Gm7
C7

```
TOM — FÁ MAIOR
F  C7  F

Introdução:  Gm  A   Bb  C7  F  Gm7  C7
             C   C   C
```

        F   F7M   Gm7
Voy por la Vereda Tropical
                  Bb/D6
La noche plena de quietud
C   F Bb/C C7
Con su perfume de humedad.
  E   F7M   Gm7 Bb/6
En la brisa que viene del mar
               Bbm6
Se oye el rumor de una canción,
C7   F
Canción de amor y de piedad.
   Bb/C
Con ella fui
     A/C   F
Noche tras noche hasta el mar
   Bb/C
Para besar,
    A/C Gm7 C7   Am7 D7
Su boca fresca de a - mar
  G7   Dm7
Y me juró quererme más y más
  Dm7
Y no olvidar jamás
  G7   Dm7
Aquellas noches junto al mar.

 F   F7M   Bb/C
Hoy solo me queda recordar
         Bbm6
Mis ojos mueren de llorar
C9-   F6
Y mi alma muere de esperar.

 Gm/C F   Gm/C F B11+
A,A,a,a,a, M,M,m,m,m,m,
       Bb7M C Am7
? Porque se fué?
Dm7   Gm7
Tu la dejaste ir
Gm7   C7   F7M
Vereda Tropical
Eb   Bb7M Am7
Hacia volver a mi
Dm   Gm7
Quiero besar tu boca
     C7   F6
Otra vez junto al mar
   Gm7 C7 F6
Vereda Tropical...

Begin the Beguine

Música e Letra de Cole Porter

Bb Dm G7 Cm7 F7 Cm7
Eb7M Cm9 F4 F7 Cm Cm7 F7
Bb Cm7 F7 Bbm Db/Eb Ab6/9
Ab7M Abm7 Db7 Gb Gb6
Gm5- C7 F7M Gb F
Ebm7 F4 F7 Bb Bb6

Bb7M 9
Bb6
Bb/D
G5+
Abm6
Cm
Cm
Cm7
Ebm6
Ebm7
Ebm6
C m7
Cm9
F4 7
F7
Bb5+Bb6
Bb5+
Bb7M
Eb/F
Bb
Bb6
Bb7
Bb6
Eb/F
Bb
Bb6
F7
Ab/Bb
Bb7
Eb7M
Eb7M 9
Eb/F
Dm
G9-
Cm7
Cm9
F7
Bb7M
Bb6
C4 7
Eb/F

Bb Bb6 Bb7M Bb6 Bb
Eb/Bb F7 Cm7 F7 Eb7M Eb7M 9 Cm7/F Eb/F
Dm Gm7 Gm 9 Cm Cm7 F7 F13 Cm7 5-
F7 F4 F7 Cm7 F7 Bb7M Bb6
Cm7 F7 Fsusp F7 Cm 5- 7 F 7
Bb Bb 6 Bb7M Bb6 Bb

TOM — Sib MAIOR
Bb F7 Bb

Introdução: *Bb Bb6 Bb7M Bb*

```
    Bb         Bb6    Bb7M    Bb64
When the begin    the beguine
    Bb         Bb7M     G7      Cm7    F7
It brings back the  sound of music so tender
    Cm              Bb/F         Cm7    F7
It brings back a night  of tropical splendour
    Cm         Cm7       F7        Cm7
It brings back a memory ever green.

F13 Bb          Bb6   F13      Bb7M Bb6
I'm with you once more under the stars
       Bb          Dm       G7      Cm7    F7
And down by the shore     and orchestra's playing
    Cm7          Eb7M         Cm9
And even the palms    seem to be swaying
Cm       Cm7    F7      Bb    Cm7  F7
When the begin    the beguine.

     Bbm     Db/Eb        Ab69     Ab7M
To live it again    is past all andeavour
Abm7         Db7        Gb    Gb6
Except when that tune clutches my heart,
   Gm5-        C7           F7M   Gb
And there we are, swearing to love forever,
Gb       F      Ebm7   F4   F7
And promising never, never to part.

     Bb       Bb6        Bb7M Bb6
What moments divine, what rapture serene,
   Bb/D          G5+     Abm6    Cm
Till clouds came along to disperse the joys we had tasted
   Ebm6
And now when I hear people curse
            Ebm7
The chance that was wasted
    Cm7     Cm79  F9    Bb5+   Bbb Bb5+ Bb74
I know but too well what they mean.
```

```
     Eb/F     Bb              Bb6
So don't let them begin the beguine
   Eb/F     Bb                         F7  Ab/Bb Bb7
Let the love that was once a fare remain an ember
      Eb7M       Eb7M9    Eb/F      Dm7    G9—
Let it sleep like the dead  desire I only remember
    Cm7         Cm9 F7        Bb7M  Cm47
When they begin the beguine.

         Bb              Bb          Bb7M Bb6
Oh! Yes, let then begin the beguine, make them play
       Bb          Eb/Bb       F7         Cm7
Till the stars that were there before return above you
F7    Eb7M        Eb7M9         Cm7
Till you whisper to   me    once more
    Eb/F     Dm       Gm7  Gm9
"Darling, I love you"!

       Cm        Cm7    F7  F13
And when suddenly know
       Cm5-7         F7  F4  F7
What heaven we're in
   Cm7           F7       Bb7M  Bb6
When they begin   the beguine
   Cm7           F7      Bb   Bb6 Bb6 Bb7M Bb6 Bb
When they begin   the beguine.
```

Que reste t'il de nos amours?

Música e Letra de Charles Trenet

Bb7M
Bbm6
Am7
F/A
Abo
Gm7
C7
F6/9
D9-
Bb7M
Bbm6
Am7
Abo
Gm9
C7
Cm9
Eb/F
Bb7M
Bbm7
Bbm6
F/A
D9-
Gm9
Dm7
G7
Gm7
C7 13/9
Am7
Am6
Gm7

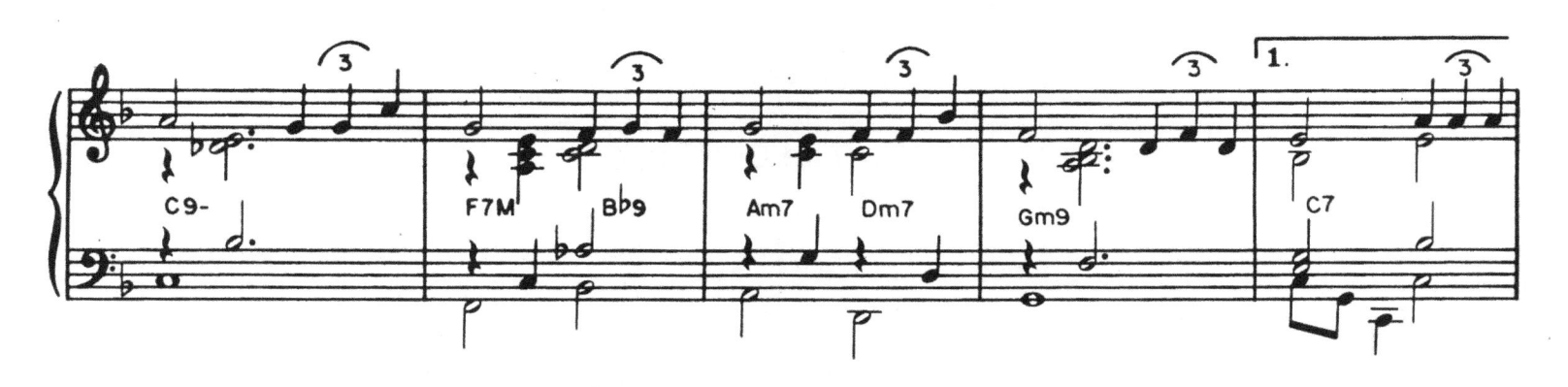

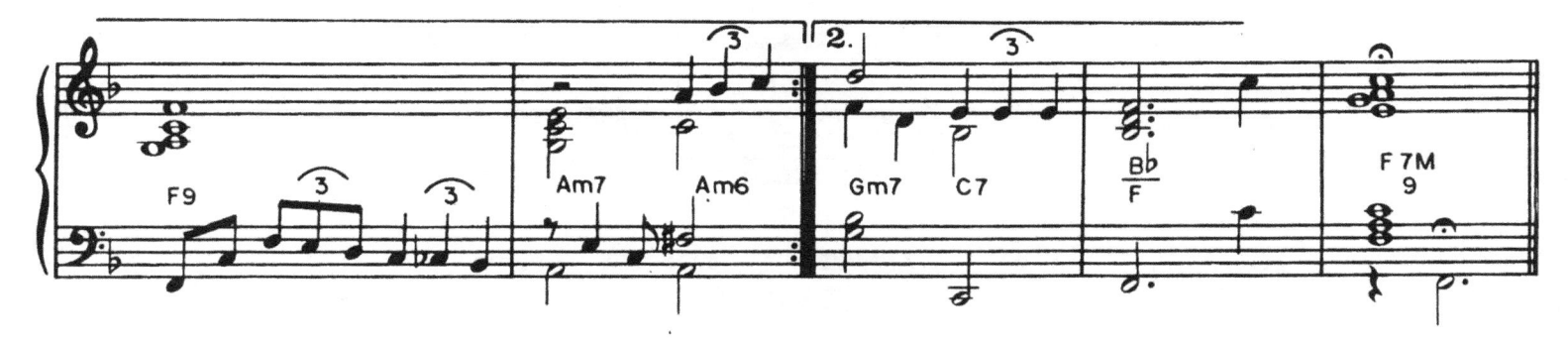

TOM — FÁ MAIOR
F C7 F

Introdução: *Bbm Bbm7 Fm G5+ G7*

       Fm   *Bbm7 Bbm7/F*
Ce soir le vent qui frappe à ma porte
            Fm   *Fm/B*
Me parle des amours mortes
              G5+ C7 C9-
Devant le feu qui s'eteint
    Fm/Ab   *Db/F DbM9*
Ce soir c'est une chanson d'automne
            F/Eb   *Dm7 Db7M*
Dans la maison qui frissonne
                  Bb/C Bb7M/C F7M9
Et je pense aux jours lointains.

       Bb7M   *Bbm6*
Que res-te-t'il de nos amours
      Am7 F/A
Que res-te-t'il   de ces beaux jours
   Gm7   *C7*   *F69 D9-*
Une photo, vielle photo de ma jeneusse
     Bb7M   *Bbm6*
Que res-te-t'il des billets doux
      Am7   *Ab°*
Des mois d'Avril, des rendevous
   Gm7   *C7*   *Cm9 Eb/F*
Un souvenir qui me poursuit sans cesse.

   Bb7M
Bonheur fané
     Bbm7
Cheveux au vent
Bbm6   *F/A*
Baisers volés
    D9-
Rêves mouvents
   Gm7
Que res-te-t'il
   Dm7
De tout cela
G7   *Gm7 C713 Am*
Dideste mol?
Am6   *Gm7*
Un p'tit village
   C9-
Un vieux clocher

  F7M
Un paysage
B69   *Am7 Dm7*
Si bien cachê
Dm7   *Gm7*
Et dans un nuage
   C7
Le cher visage
C7   *Bb F7M/9*
De mon passé.

The Entertainer

(O Grande Chefão)

Música de Scott Joplin

59

B♭
Dm
Gm
B♭ Gm G♯
F/A D♭7
F/C C7
1.
F C7
2.
F
F D7
C
D7 G7
C
F
C
G7
D♯o
C
F
C
Dm/F
C/G F♯o C/G
D7/A G7
1.
C
2.
C

Georgia on my mind

Letra de Stuart Gorrell

Música de Hoagy Carmichael

© 1930 By P.I.C § IRMÃOS VITALE S/A INDÚSTRIA E COMÉRCIO.

F7M
D7
Gm7
C7
Am7
Dm7
Gm7
C5+
F7M
Em7
A7
Dm7
Cm7
G/B
B♭m6
Am7
Am6
Gm7
C9-
F
E♭7
F
A5+
Dm7
D♭o
Dm/C
B♭7
A7
Dm
D♭o
Dm/C
G13
Dm
D♭o
Am/C
Bm
E7/B
Am7
Am6
G13
G13-
C9
C9-
F7M
Em7
A7
Dm7
Cm7
G/B
B♭m6
F7M/C
C6/9
Dm9
A♭7 11+ 13
1.
2.
Gm7
C9-
F
B♭7M/C
F 9/6

```
TOM — FÁ MAIOR
F  C7  F

Introdução:  F  A7  Db  G7  A°  Gm46
                          Ab
```

```
       F              A7        Cm/Eb      G7  C7
Melodies bring memories that linger in my heart
       F         A5+7  Dm7
Make me think  of  Georgia
       G7    Db°  C7  F  C5+
Why did we e - ver part?
       F              Em7        A7  E5-  D7  G7  C7
Some sweet day when blossoms fall and all world's a song
       F         A5+7  Dm9      G7       Db° C7
I'll go back to   Georgia 'cause that's where  I  belong.

F
Georgia

Em    A7  Dm           G/B    Bbm
Georgia       the whole day through

      F7M      D7     Gm7    C7  Am   Am7 Dm7
Just a old sweet song keeps Georgia on my mind

Gm7          C5+
Georgia on my mind

F7M
Georgia

Em7   A7  Dm   Cm7    G/B  Bbm6
Georgia       a song of you

        Am     Am6  Gm7    C9-        F    Eb7
Comes as sweet and clear as moonlight through the pines

Dm7   Db°     Dm/C  Bb7  A7
Other arms reach out to me

Dm    Db°      Dm/C  G13
Other eyes smile tenderly

  Dm   Db°      Am/c
Still in peace — full dreams

 Bm     Am7      Amb     G13  G13-  C9  C9-
I see the road leads back to you.

F7M
Georgia

Em    A7  Dm    Cm7    G/B  Bbm6
Georgia       no peace I find

       F7M C69  Dm7   A6b711+  Gm7
Just an old sweet song keeps Georgia

C7     F    F69
On my mind.
```

Sabor a mi

Alvaro Carrillo

© 1969 By P. H. A. M. S/A § EMBI S/A.

TOM — SOL MAIOR
G D7 G

Introdução: *G D7 G*

         E7   *Am7*
Tanto tiempo disfrutamos este amor
C   *D7*   *G7M*
Nuestras almas se acercaram tanto asi
G/B   *Bbº*   *Am7*
Que yo guardo tu sabor
              D7   *G C7 G7M*
Pero tu llevas también sabor a mi.

       G7   *C7M*
Si negaras tu presencia en tu vivir
Cm6   *G7M*
Bastaria con abrazarte y conversar
G9   *Bbº*   *Am7*
Tanta vida yo te di
          D7   *G Cm6 G*
Que por fuerza tienes ya sabor a mi.

    Dm7 G7   *Dm7 G7*   *C7M*
No pretendo ser tu dueño no soy nada
    F7   *C7M Am7*
Ya no tengo vanidad
    Em7   *A9 A13* *Am/D*
De mi vida doy lo bueno yo tan pobre
     Cm/D   *D7*
Que otra cosa puedo dar.

     G7   *C7M*
Passarám mas de mil años, mucho más
Am5-   *G7M*
Yo no sé si tenga amor la eternidad
Gm7 *Bbº*   *Am7*
Pero allá tal como aqui
    C9   *D7*   *G Eb/F G7M9*
En la boca llevarás sabor a mi.

Love is a many splendored thing
(Suplício de uma saudade)

Letra de Paul Francis Webster
Música de Sammy Fain

© 1955/1968 By 20TH CENTURY MUSIC CORP § SBK SONGS DO BRASIL ED. MUS. LTDA.

Fm7
Fm5+
Bb/F
Bb7
Fm7
Bb7
Fm7
Bb7
Fm7
Bb9
Fm
C9-
Fm7
Fm5+
Bb7
Refrão
Eb6/9
Cm7
D7
Gm
Gm7
Bbm7
Bbm6
Ab
Ab6
Ab7M
Dm5-
Cm
Bb6/9
Cm7
Fm7
Fm/Bb
Ab7
G7

Cm
Cm 9 7
D7
Am 5- 7
D7
G7M
Bb 7 13
Eb
Eb7M
Cm7
D7 9-
Gm
Gm9
Bbm7
Eb9
Ab
Ab7M
Ab6
Ab Bb
Gm7
C7
Gm7
Gm6
Fm7
Fm6
G 5+ 7
C 5+ 7
F9
Abm6
Eb
Cm7
Fm7 9-
Fm Bb
Bb 9 7
1.
Eb
Eb7M
Cm9
Fm9
Bb 9- 13
2.
Abm6
Eb 6 9

TOM — Mib MAIOR
Eb Bb7 Eb

Introdução: *Eb Fm7 Bb4*

    Eb   Fm/Bb   Eb Eb7M
I walked along the streets of Hong Kong town
      Fm/Bb Bb7   EbM
Up and down up and down
   Ab/Bb   Eb/G Bb9   Eb7M F7
I met a little girl in Hong Kong town
      Bb   Cm7
And I said: "Can you tell me please":
   F7   Bb7
Where's that love I've never found?
  Fm7 Fm5+   Bb/F
Unravel me this riddle
Bb7   Em7   Bb7 Fm7 Bb7
What is love? What can it be?

And
Fm7   Bb9
  In her eyes
  Fm   C7
Were butterflies
  Fm7   Fm5+ Bb7
As she replied to me.

Eb Cm7 D7   Gm   Gm7
"Love is a many splendored thing"
Bbm7 Bbm6 Ab Ab6
It's the April rose
   Ab7M Dm5-
That only grows
  Cm7   Bb69
In the early spring,
Cm7   Fm7   Fm/Bb
Love is a nature's way of giving
  Ab7   G7
A reason to be living
    Cm79
The golden crown
  D7 Am   G7M Bb713
That makes a man a king.

Eb Cm7 D79- Gm   Gm7
Once on a high and windy hill
Bbm7 Eb9 Ab   Ab7M
In the morning mist
  Bb6 Ab/Bb
Two lovers kissed
  Gm7   C7
And the world stood still.

Gm7 Gm6 Fm7
Then your fingers
    Fm6 G5+
Touched my silent heart
  C5+7   Am6
And taught it how to sing
  Eb Cm7   Fm9 Bb79- Abm6
Yes true love's a many splendored thing".

Because of You

(Por causa de você)

Arthur Hammerstein e Dudley Wilkinson

Cm7
B7
Fm
B♭7 9
C9
Fm7
A♭/B♭
B♭9
E♭7M
A♭13 11+
E♭7M
B♭m7
E♭7
A♭7M
Gm7
C7
A♭7M
F♯o
E♭7M/G
Cm9
Fm9
B♭7
1.
E♭
A♭m9
A♭m6
E♭7M
C9-
2.
E♭
3
A♭m7
A♭m6
E♭6 9

TOM — Mlb MAIOR
Eb Bb7 Eb

Introdução: *Fm Ab7M Eb7M C9- Bb9 Eb*
Ab

    Fm/Ab Eb7M   *Fm7 B7 Bb79 Eb7M*
All my days were lonely ones, till you came along
  Am5-   *D7*   *Gm7*
Now my days are happy ones
    F4   *F13*   *Bb7*
You filled my life with song.

      Eb/G Cm7   *Fm7 Bb7* *Eb7M*
Because of you, there's a song in my heart
   C9-   *Fm7 Gm7*   *Bb7*   *Eb7M Ab11+*
Because of you my romance had its start
Eb7M *Eb69* *Gm5-*   *C7*
Because of you the sun will shine
            Fm   *C9-*   *Fm*
The moon and stars will say you're mine
  Cm7   *B7*   *Fm Bb7*
Forever and never to part
  C9 Fm7   *Ab/Bb Bb7*   *Eb7M Ab11+*
I only live for your love and your kiss
Eb7M   *Bbm7*   *Eb7*   *Ab7M*
It's paradise to be near you like this
  Ab7M   *F#°* *Eb7M*   *Cm7*
Because of you my life is now worth while
    Fm9 *Bb7*   *Eb* *Abm Abm6 Eb7M*
And I can smile, because of you.

  Bb7 *C9-* *Eb/G*
Because of you, etc.

Te quiero dijiste

(Muñequita Linda)

Letra e Música de Maria Grever

C7
F7M
B♭7M
C9
F7M
Dm7
Gm/C
C7
F9
C13
F7M/C
B♭/C
C13
F7M
Dm7M
Gm7
C7
C9-
F
F
F7
B♭7M
Gm9
C7
Am7
Dm7
Am
Gm7
Gm7
Dm7
G13
C9

TOM — FÁ MAIOR
F C7 F

Introdução: *F C7 F*

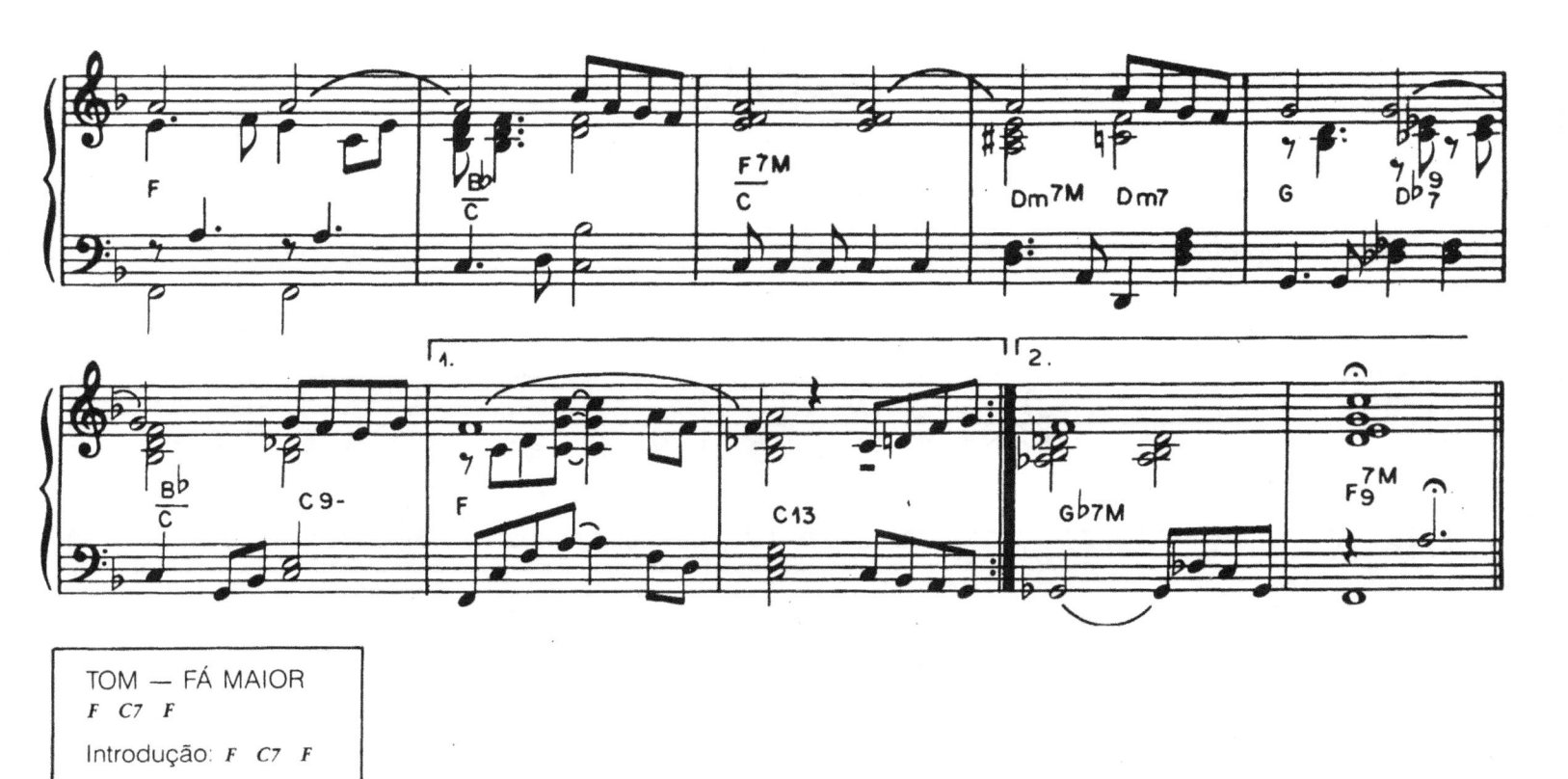

   F7M
Te quiero, dijiste,
 Bb7M   *Am7*
Tomando mis manos
 Bb7M   *Am7*
Entre tus manitas
   Gm7   *Gm7*
De blanco marfil
A7   *Dm*   *G7*
Y senti en mi pecho
     C *A79*
Un fuerte latido
     Dm
Después un suspiro
    G13
Y luego el chasquito
      C4 C7
De un beso febril.

     F7M - Bb7M
Muñequita linda
C7   *F7M Dm7*
De cabellos de oro
      GmC C7
De dientes de perla
    E9 C13
Labios de rubi.
     F7M Bb/C
Dime si me quieres
C13   *F7M Dm7M*
Como yo te adoro
     Gm7 C7
Si de mi te acuerdas
C9-   *F F7*
Como yo de ti.

   F7   *Bb7M Gm9*
Y a veces escucho
C7   *Am7 Dm7*
Un eco divino
  Am   *Gm7*
Que envuelto en la brisa
Dm7   *G13 C9*
Parece decir:
     F *Bb*
Si te quiero mucho,
     F7M/C Dm7
Mucho, mucho, mucho,
    Gm Db79 Bb/C
Tanto como enton - ces
C9-   *F Gb7M9 - F7M9*
Siempre hasta morir.

Tequila

Mambo Rock

Letra de Paulo Rogerio

Música de Chuck Rio

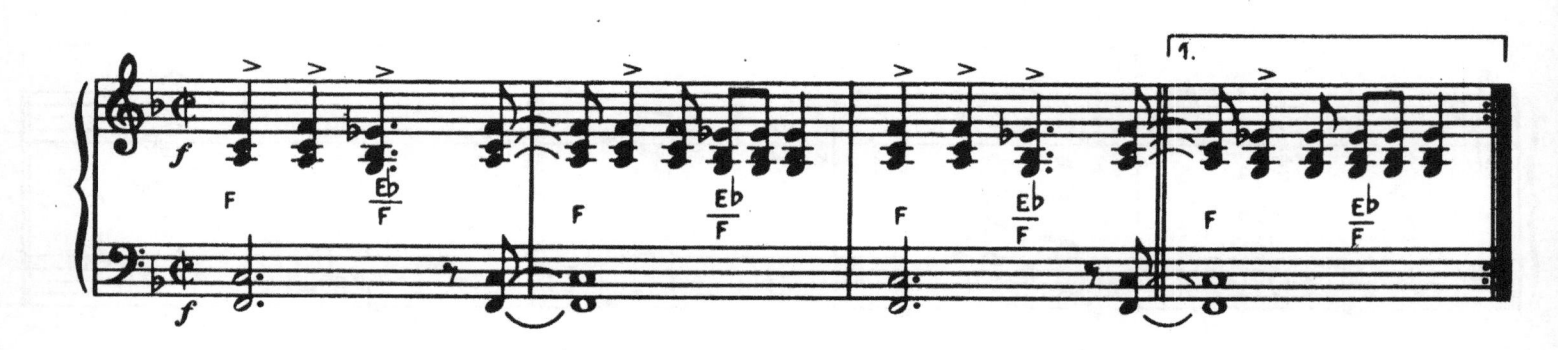

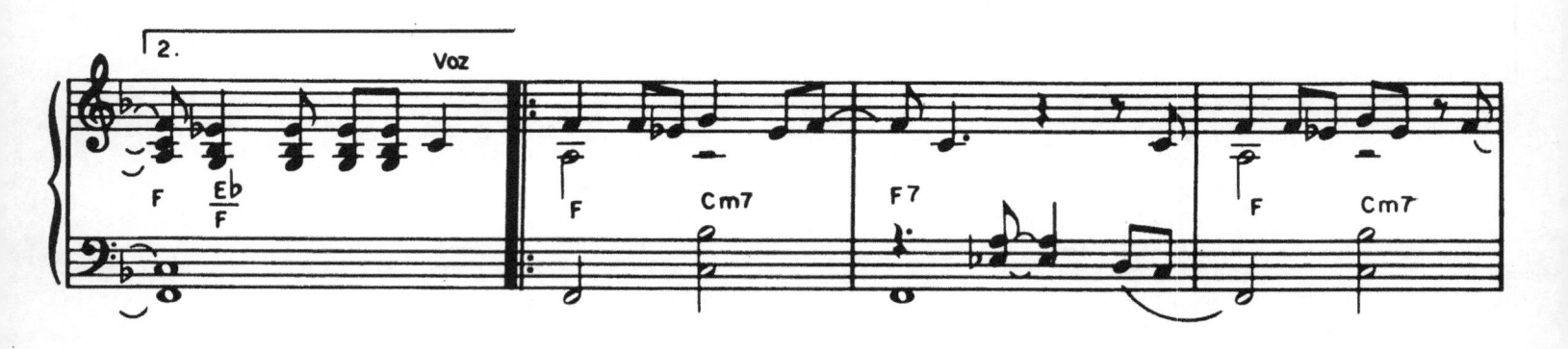

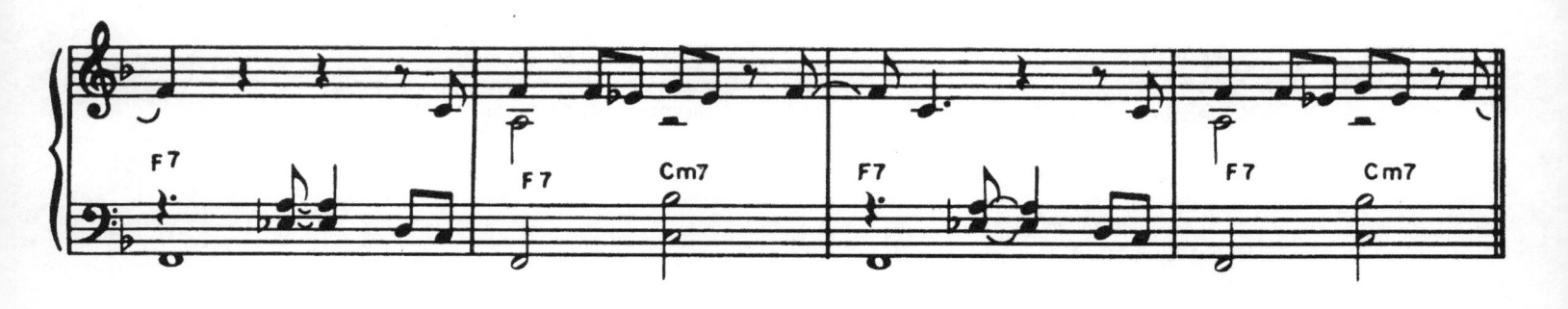

© 1958 By JAT MUSIC CO § IRMÃOS VITALE S/A

Tequila!
F
G5+
C9-
F
G7
G5+
C7
F/C
Cm7
F
F/C
Cm7
F
Cm7
F
F
Cm
F
F
Cm7
F
Cm7
F
Cm7
F7
F
Cm7
F
Cm7
F
Cm7
F
Cm7
F
Cm7
F
Cm7
F
Cm7
F
Cm7

TOM — FÁ MAIOR
F C7 F

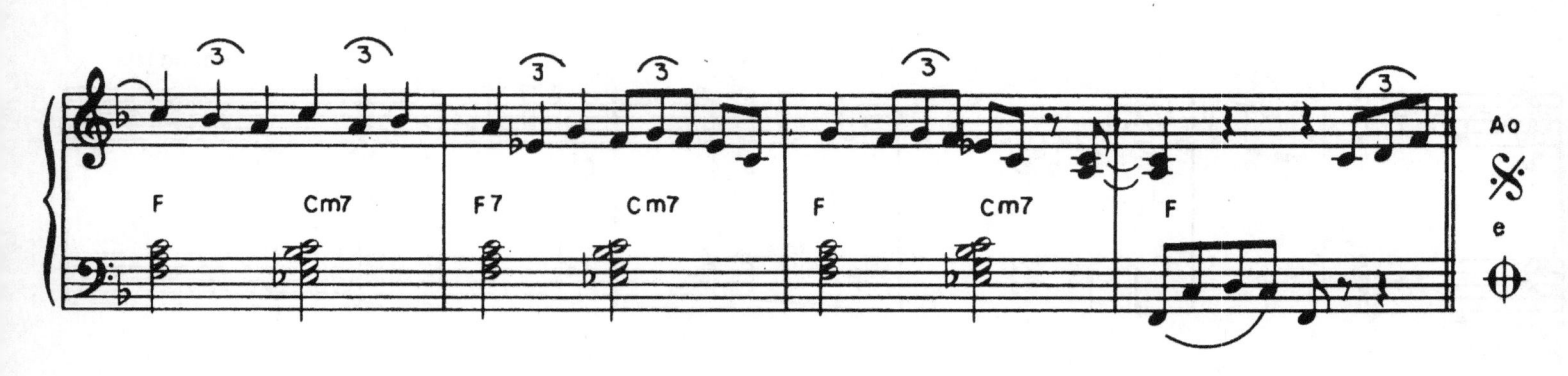

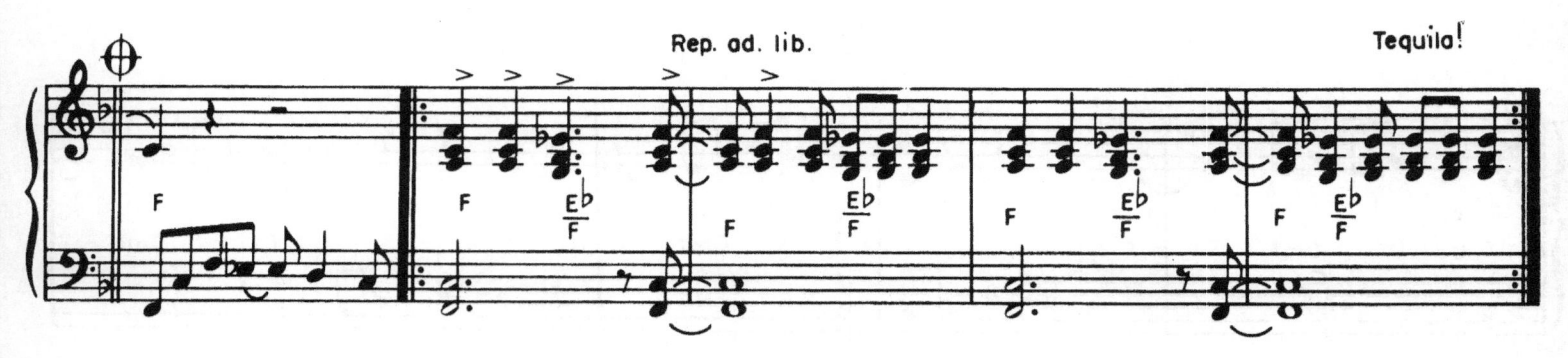

Introdução: F Eb F Eb (3 vezes)

      F   Cm7   F7
Eu vou para Barranquilla
        F   Cm7   F7
Eu quero tomar tequila
   F7   Cm7   F7
Mulata, fica tranquila
  F7   Cm7   F
E vamos á Barranquilla.

CÔRO:
      F   Cm7   F7
Eu vou para Barranquilla
        F   Cm7   F7
Eu quero tomar tequila
   F7   Cm7   F7
Mulata fica tranquila
  F7   Cm7
E vamos á Barranquilla.

      G5+ C9-   F
Mulata, vem,   vem
         G5+ C9-
Que você tem, tem
          G5+ C9   F
Tudo o que nos   convém
 G7   F7 G5+   F7
Como a tequila tem tequila.

   F7   Cm7   F7
Tequila e mais amor
        F   Cm7   F7
Quem quer me oferecer
  F7   Cm7   F7
Tequila e mais amor
  F7   Cm7   F
Eu quero rece - ber.

  F7   Cm7   F7
Tequila é bom é
    F   Cm7
Amor é bom também
  F7   Cm7 F7
Eu quero teu amor
     F7   F7   F
Mas quero tequila também.

Tequila!...

People

Letra de Bob Merrill

Música de Jule Styne

E/F F Cm7 F7 F13 B♭ Cm7 F7 B♭7M
Cm7 E♭/F B♭ B♭7M Fm7 A♭/B♭ B♭9 B♭5+
E♭6 E♭7M E♭/F F7 B♭ B♭7M A♭/B♭ B♭7 E♭
E♭/F B♭ Gm6 Cm F7 F13/7
B♭7M B♭13 E♭7M E♭m B♭
Cm7 1. B♭ Gm7 Cm9 F7 2. B♭ E♭/F B♭7M 9

```
TOM — Slb MAIOR
Bb  F7  Bb

Introdução: Bb  Eb  Cm7  F13
                 F   F
```

       Bb7M   Cm7
People

F7   Bb   Bb7M
People who need people

        Eb   Bb7M
Are the luckiest people

Gm7   D74 D7
In the world.

Gm
We're children

                  Bb
Needing other children

     Bbm6   C7   F7M F6
And yet letting our grown up pride

G13   Bbm6   F/A
Hide all the need inside

   Gm7   B/C
Acting more like children

    E/F F7 Cm F7
Than children.

F13 Bb   Cm7
Lovers

  F7   Bb7M   Cm7
Are very special people

Eb/F Bb Bb7M   Fm7 Ab/Bb
They're luckiest people in the world

Bb9 B5+ Eb6   F7   Bb   Bb7M Ab/Bb
With one person one very special person

 Bb7   Eb   Eb
A feeling deep in your soul says:

       Bb   Gm6
"You were half now you're whole".

     Gm   F7
No more hunger and thirst

  F7   F13   Bb7M
But first be a person who needs people

Bb13   Bb7M
People who need people

Ebm Bb   Cm7 Bb Gm7 Cm7 Eb Bb7M
Are the luckiest people in the world.

Tea for two

Letra de Irving Caesar

Música de Vicent Youmans

© 1924 By HARMS INC - /WARMER § CHAPPELL EDIÇÕES MUSICAIS LTDA.

83

```
TOM — SOL MAIOR
G  D7  G

Introdução: D7  Am7  D°  D7
```

```
      G        D7       C        D7
I'm discontented with homes that are rented
      G      D7      G7M  B5+  B7
So I have invented my own
Em       F#/E  B7  C7M   B7
Darling this place is a lovers oasis
         Em7           B7    Em   Em/D
Where life's wheary chase is unknown
C7M        D/C     Bm7  Em7  C7M
Far from the cry of the city
                 C/D    D9-      G5+7M G67M
Where flowers pretty caress the streams
C7M      C/D       G7M      Em79
Cosy to hide in to live side by side in
       Am7   D9-      G    Bm9  E9-
Don't let it abide in my dreams.
```

ELA:

```
   G       D7
You are revealing
    G         D7
A plan so appealing
   G
I can't help
       D7     G7M  B5+   B7
But feeling for you.
```

ELE:

```
Em       F#/E    B7
Darling I planned It
     C7M      B7
Can't you understand
   Em7                 B7
It's yours to command it
  G   Bm9  E5+9-
So do.
```

ELA:

```
   C7M  D/C
All your schemes
Em7    Bm7  Em7  C7M
I'm  admiring
Em7     C7M      C/D
They're worth desiring
           G5+7M
But can't you see
    C7M     C/D
I'd like to wait dear
    G7M         Em79
For some future date dear
     Am7       D7
It won't be too late dear,
   G       Bm9  E9-
For me.
```

REFRÃO:

```
Am7    D7  Am7    D7
Picture you upon my knee
    G7M        C7M
Just tea for two
     Bm       E7
And two for tea
Am7             D7
Just me for you
          Am7   D7   G7M  G6  G7M
And you for me alone.

C#m       F#7         C#m        F#7
Nobody near us to see us or hear us
     B7M         E7
No friends or relations
         D#m7      G#7
On week-end vacations
    C#m7         F#7
We won't have It known dear
          C#m        B7M      Am47  D7
That we own a telephone dear.

Am7       D7
Day will break
          Am7  D7
And you'll awake
      G7M    C7M    Bm7  E7
And start to bake a sugar cake
      Am    D7
For me to take
     Am7    D7      Bm5-  E7
For all the boys to see

Am7   E9-    Am7  E7
We will raise a family
   Am7
A boy for you
    Cm
A girl for me
       G9         Bb°
Oh! Can't you see
         Am7   D7        G
How happy we would be.
```

Frenesi

Canción Tropical

Letra e Música de Alberto Dominguez

Gm7 C9
F
F Dm7
Gm7 C7
Gm7 F/A
Gm C13
Gm7 C 7/9
Am7 D7
Gm9 C9
F
F 7M/9 D/E
A 7M/9
Gm/Bb
A 7M/9
A D/E
A7M F#m7
G9
Gm7
C7
Gm7 C 7/9
Gm7 F/A
Gm/Bb C7
Gm7 C9 Gm/Bb
Am7 D9
Gm7 C7
1.
F
2.
F9
Bb/C C7
F9
F

```
TOM — FÁ MAIOR
F  C7  F

Introdução: F7M  Gm7  C  Bb/C  C  Bb/C
```

```
        F
    Besame tu a mi
Bb              F            Gm  C9  C9-
    Besame igual que mi boca te besó
        F        Dm
    Dame el frenesi
Gm9       C79      F9  Bm7  E7
    Que mi locura te dió
      A69
    Quién si no fui yo
D/A              A69        F#m7  Bm7  E4  E7
    Pudo ensenãrte el caminho del amor
     A9
    Muerta mi altivez
D/A          F9    A    C7
    Cuando mi orgullo rodó a tus pies
C4         Dm9     Gm7  C7
    Quiero que vivas solo para mi
Gm7       F/A       Gm/Bb
    Y que tu vayas por donde voy yo
Gm7                Am7    D9
    Para que mi alma sea no más de ti
Gm7       C7     F
    Besame con frenesi,
F       Dm7      Gm7  C7
    Dame la luz que tiene tu mirar
Gm7       F            C13
    Y la ansiedad que entre tus labios vi
Gm7    C79    Am7   D7
    Esa locura de vivir y amar
Gm7           C9        F
    Que és más que amor, frenesi,
F7M       D/E      A7M
    Hay en el beso que te di
Gm/Eb           A7M
    Alma, piedad, corazón,
A         D/E     A7M   F#m7
    Dime que sabes sentir
G9              Gm7
    Lo mismo que siento yo
C7              Gm7  C7
    Quiero que vivas solo para mi
Gm7      F      Gm7       C7
    Y que tu vayas por donde yo voy
Gm7       C7  Gm7  Am7   D9
    Para que mi alma sea no más de ti
Gm7       C79    F
    Besame con frenesi.
```

I can't give you anything but love, Baby

Letra de Dorothy Fields

Música de Jimmy Mc Hugh

TOM — SOL MAIOR
G D7 G

Introdução: *G D7 G*

G6   Am7   Bm   Bb°   Am7   D7
I can't give you anything but love, baby

G   Am7 Bm   C7M Am7   D7   D9
That's the only thing I've plenty of, baby

Dm9   G13   Dm   G13
Dream awhile, scheme awhile,

C   Dm/G   C7M Em9   A13
We're sure to find happness and I guess

Am7   D7   Em9   A7
All those things you're always pined for

G   Am7   Bm   Bb°   Am7   D7
Gee, I'd like to see you looking swell, baby

G   G7   C7M C   F/G
Diamond bracelets, wood-worth doesn't, sell baby

C   Eb7   G7M E7
Till that lucky day you know darned well, baby

Am7   A7 9   D9 13   C7M Bm   Am7   G7M
I can't give you anything but love.

The Windmills of your mind

O moinho de sua imaginação

Música de Michael Légrand

© 1968 By UNITED ARTISTS MUSIC CO. INC § SBK SONGS DO BRASIL ED. MUS. LTDA.

C7M
C 6 9
C 9 7
C9-
F7M
B7
Em7
Em5-
A7
Dm7
Dm9
G7
G 4 9
F C
Dm7
Bm 5- 7
E7
E4
Am
F A
Am6
Am7
D° A
D#°
Am E
E 4 7
E7 G#
Am
p
Rall

Misty

Letra de Johnny Burke

Música de Erroll Garner

TOM — Mlb MAIOR
Eb Bb7 Eb

Introdução: Eb7M E7M Cm9 Ab6 Bbl3
                                    Bb

Eb7M
Look at me,

Bbm7   Bbm6   Ab7M
I'm as helpless as a kitten up a tree

     Abm7   Abm6
And I feel like I'm clinging to a cloud

Eb7M   Cm7
I can't understand,

   Fm7   Bb79—   G7   C7   F75—
I get misty just holding your hand.

Bb7M9   Eb7M9
Walk my way

     Bbm7   Eb79—   Ab7M
And a thousand violins begin to play

           Abm7   Db9
Or it might be the sound of your hello

Eb7M
That music I hear

   Fm7   Bb79—   Eb
I get misty the moment you're near.

        Eb
You can say

           Bbm7   Db/Eb
That you're leading me on

           Ab7M   Ab6
But it's just what I want you to do

Ab7M   Ab6   Am7   D7
Don't you notice how hopelessly I'm lost

                   Gm7 C9— Fm7 Bb79
That's why I'm following you.

          Eb79
On my own

        Bbm7   Bbm6   Ab7M9
Would I wander thought this wonderland alone

              Abm7   Db9
Never knowing my right foot from my left

Eb7M   Cm
My hat from my glove.

   Fm7   Bb79   Eb   Fm9 Ab7M/Bb Fm7 Eb7M
I'm too misty and too much in love.

Too Young

Cedo para amar

Letra Inglesa de Sylvia Dee
Versão de Ronaldo Bastos

Música de Sid Lippman

© 1951 By JEFFERSON MUSIC CO INC/ARIA MUSIC CO/FERMATA DO BRASIL.

95

```
TOM — Slb MAIOR
Bb  F7  Bb

Introdução: Cm7  F13  Bb/D  Gb  Cm7  F7
                              Db
```

Letra Inglesa de Sylvia Dee

```
        Bb     Dm7          Gm7  Cm7  F7
They try to tell us we're too young
        Bb     Dm7         Gm  Dm7  G7
Too young to really be in love
        Cm7            F13
They say that love's a word
        Cm7            F7
A word we've only heard
        Dm7  Db°  Cm7  F7      F5+   Bb  Gm7  Cm7
But can't begin to know the meaning of
F13    Bb     Dm    Dm7       Gm  Gm7  Cm7
And yet, we're not too young to know
F13    Bb     Bb13    Bb5+      Eb  Ab13  Bb9
This love will last tho years way go
        Eb69    Ebm6     Ab13      Bb7M
And then, someday they may recall
G7         Cm7    F7       Eb7M  Bb7M
We were not too young at all.
```

Versão Portuguesa de Ronaldo Bastos

```
        Bb     Dm7       Gm7  Cm7  F7
Não são sinceras as razões
        Bb     Dm         Cm7  Dm7  G7
De quem insiste não lembrar
        Cm7            F13
Do sentimento em flor
        Cm/Eb    Cm7   F7
O despertar do amor
        Dm7 Db°   Cm7  F7   F5+   Bb
Não se  apaga mais dos corações.

        Bb     Dm    Dm7  Gm Gm7  Cm7
Amor nenhum tem tal poder
F7     Bb   Bb13   B5+    Eb   Ab   Bb9
De provocar recordações
        Eb69    Ebm6    Ab13
Bastou se ver mais uma vez
          Cm9       F13     Bb   Bb7M
Para sentir que não passou.
```

Never on Sunday

Nunca aos Domingos

Letra em Inglês de Billy Towne

Música de Manos Hadjidakis

© 1960 By V. A. CINEMUSIC INC § ESTEEM MUSIC CORP/RICORDI BRASILEIRA S/A.

Fm7 Bb7
Eb Ab7M
Eb7M Bb5+
Eb6 Ab7
Eb7M/G Eb7M
Gm7
Fm7
Ab/Bb Bb13
Eb7M Ab7M
Eb7M Bb5+
Eb6 Ab7
Eb/G Eb7M
Bb13
Ab7M
Bb9
Eb Ab7M
Eb7
al
e
Ab7M Gm Fm7
Eb9

```
TOM — MIb MAIOR
Eb  Bb7  Eb

Introdução: Eb7M  Fm  Bb7  Fm  Bb7  Eb67  Fm7  Fm6  Bb7  Eb
```

      Eb   Fm7
Oh! you can kiss me on a Monday
          Bb7   Eb   Ab7M
A Monday, a Monday, is very, very good
Eb   Cm7   Fm79
Or you can kiss me on a Tuesday
         Bb7   Eb Ab7M
A Tuesday, a Tuesday, in fact I wish you would
Eb7M   Cm7   Fm7
Or you can kiss me on a Wednesday
  Bb7   Fm79   Bb79   Eb Ab7M
A Thursday, a Friday and Saturday is best
Eb   Cm7   Fm7
But never, never on a Sunday
  Bb7   Fm7
A Sunday, a Sunday,
              Bb7   Eb Ab7M Eb7M
Because that's my day of rest.

   Bb5+ Eb6 Ab7 Eb7M
Come any day
      Eb7M   Gm7
And you'll be my guest
      Fm7 Ab/Bb
Any day you say
   Bb13   Eb7M Eb7M
But my day of rest
   Bb5+ Eb6 Ab7 Eb/G
Just name the day
    Eb7M   Bb713
That you like the best
   Ab7M Bb79
Only stay away
      Eb Ab7M
On my day of rest.

Hi - Lili, Hi - Lo

Letra de Helen Deutsch

Música de Bronislau Kaper

© 1952 By METRO GOLDWYN MAYER INC/SBK SONGS DO BRASIL EDIÇÕES MUSICAIS LTDA.

F°
F
F/A
D7
Gm7
C7
Gm7
C7
Gm7
C7
Gm7
C13
F
Gm7 C7
F 7M
Gm 4/7
A♭°
F/A
Cm7
D7
Gm/B♭
B♭
B♭/C
F 7M
Dm7
G 7/4
C7
F

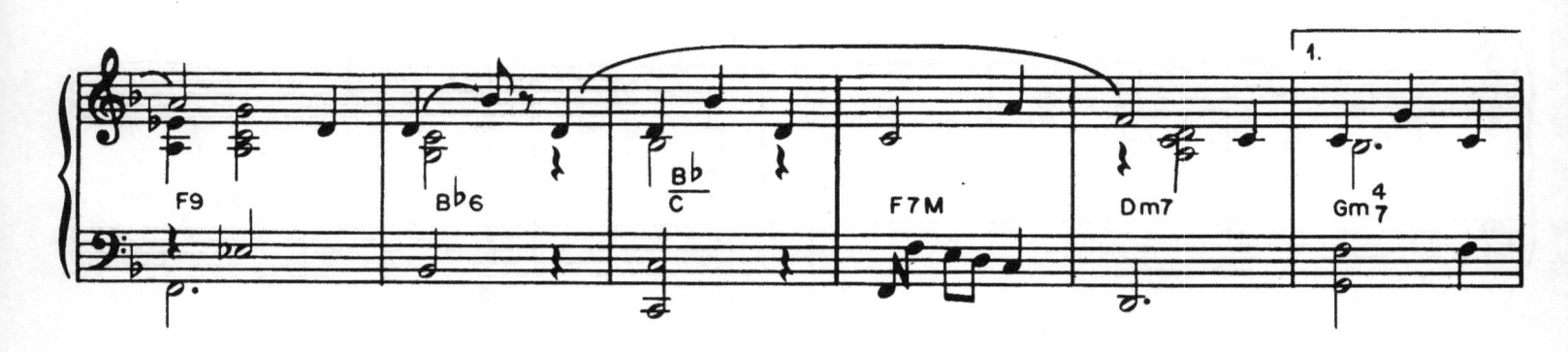

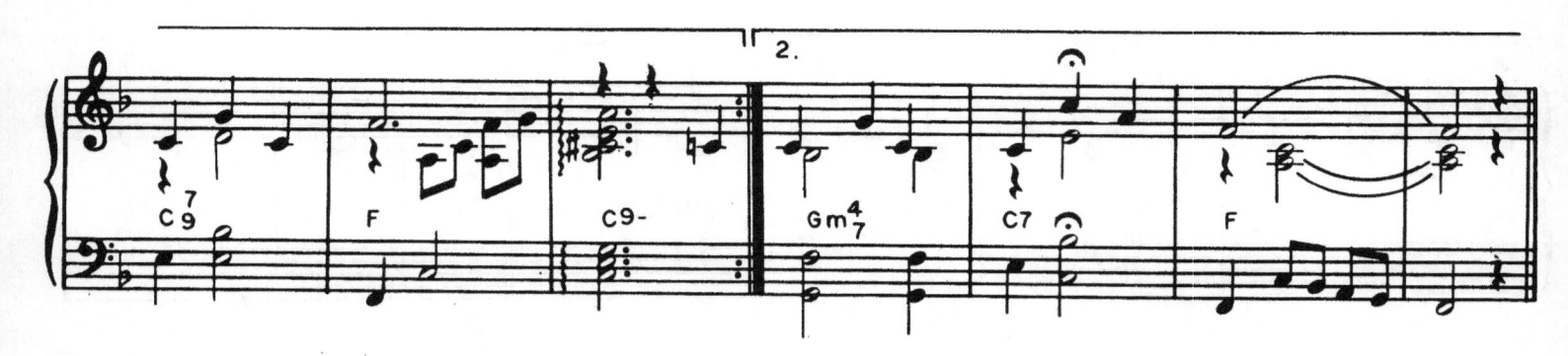

TOM — FÁ MAIOR
F C7 F

Introdução: Bb F7M BB C4 C7
           C   C

```
    F    F7M    C7    F
On every tree there sits a bird
Gm         C7    Gm7 C7
Singing a song of love
   Gm7   D9-    Gm7 C7
On every tree there sits a bird
    F    F7M  Eb79  D7
And everyone I ever heard
    Gm7     C°    Bb°  D79 D7
Could break my heart without a word
G7     Gm7  C7 F  Bb7M F/A  C7
Singing a song of love.


    F    F7M    C7    F
A tear for him a tear for me
Gm         C7    Gm7 C7
A tear for the love he swore
   Gm7   D9-    Gm7 C7
A tear for him and one for me
    F    F7M   Eb79  D7
And one for under the cedar tree
    Gm7     C°    Bb°   D79 D7
And one for wherever my love may be,
G7     Gm7  C7     F
And then I shall weep no more.
```

```
   F            F°    F
A song of love is a sad song
   F         D7
Hi-Lili Hi-Lili
   Gm7 C7
Hi-Lo
    Gm7    C7      Gm7    C7
A song of love is a song of woe
      Gm7    C13    F   Gm C7
Don't ask me how I know

  F7M    Gm47   F°   F
A song of love is a sad song
   Cm7    D7         Gm
For I have loved and it's so
   Bb       Bb/C    F7M     Dm7
I sit at the window and watch the rain
    Gm7  C7
Hi-Lili Hi-Lili
   F
Hi-Lo.

    Bb        Bb/C
Tomorrow I'll probally
F7M      Gm7
Love again
   Gm7   C7
Hi-Lili Hi-Lili
   F
Hi-Lo
```

As time goes by

Herman Hupfeld

D7 9 G7 4 G7 Dm7 G7 C7M A7 9
Dm7 G7 9 Gm7 G7 C G5+ C6 C6 9 C7M
D7 9- G4 7 G7 Dm7 G7 C6 9 F6 9 Fm6 C Gm7 C9
F Em5- A7 Dm Dm7 D#o
Am/E F7 9 D7/F# F/G Bbo G7 A9-
Dm7 Ab7 G7 Gm7 G7 C9 G5- C6 7M Em7 Am7 Am7

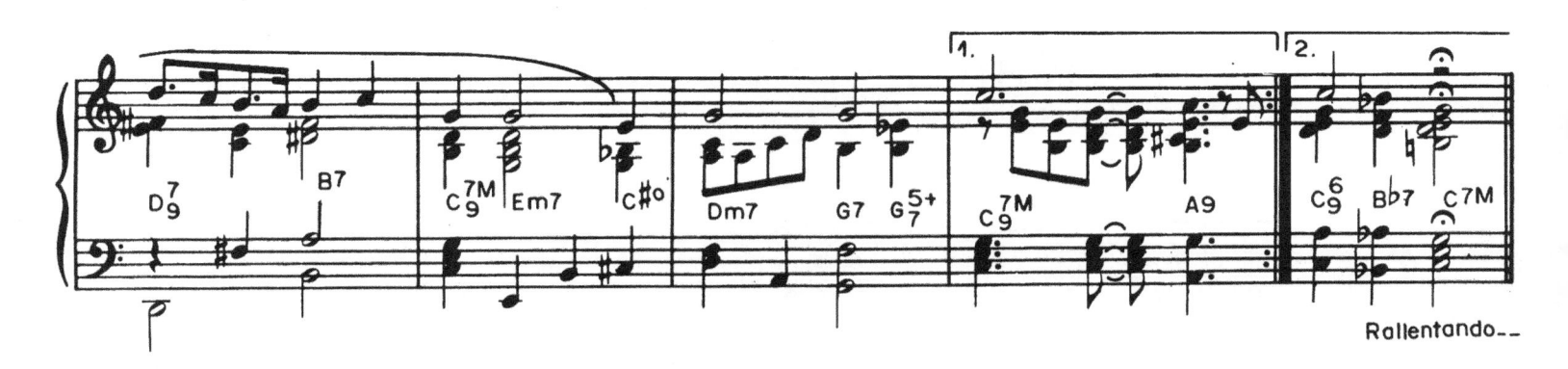

TOM — DÓ MAIOR
C G7 C

Introdução: C#° D B° Gm Am7 Dm Dm7 A67 G7

I

    C   Am7
This day and age we're living in
   Dm7   G713
Gives cause for apprehension
  C7M   C7M
With speed and new invention
  A5+   A7
And things like third dimension
   Dm   Dm7   G7
Yet we get a trifle weary
    C   E7   Am
With Mister Einstein's theory
C/E A7   G/D   B/F#
So we must get down to earth
   B7   Em B7/F# G/D
At times relax, relieve the tension
  Dm   Dm7   G7
No matter what the progress
   C   Em   G7
Or what may yet be proved
   Dm
The simple facts of life
           Dm7/A Fm Dm7
Are such they cannot be removed.

II

G7   Dm7   G7
You must remember this
  Gm7   G7
A kiss is still a kiss
 C9   C5+   C7M C79
A sigh is just a sigh
   D7   G47
The fundamental things apply
G7 Dm7 G7   C7M A79
As time goes by
   Dm7   G7
And when two lovers woo
  Gm7   G7
They still say, "I love you"
   C   G5+ C6 C69 C7M
On That you can rely
   D7   G47
No matter what the future brings
C7 G7 Dm7 G7 C69 F9 Fm6 C Cm7 C9
As time goes by.

III

 F   Em5-
Moonlight and love songs
          A7
Never out of date
Dm   Dm7
Hearts full of passion,
D#°
Jealousy and hate
Am   F7
Woman needs man
    D79
And man must have his mate
  F   Bb° G7 A9-
That no one can deny
  Dm7   Ab7   G7
It's still the same old story
  Gm7   G7
A fight for love and glory
 C%   G5+ C67M Em7 Am Am7
A case of do or die
  D7   B7   C7M7 Em7
The world will always welcome lovers
C#°G7 G5+7 C C69 Bb9 C7M
As time goes by.

Theme from Love Story

Francis Lai

© 1970 By FAMOUS MUSIC CORP/WARNER § CHAPPELL EDIÇÕES MUSICAIS LTDA.

Cm7
4
F7
F13
B♭7M
E♭7M
5-
Am7
D7
Gm
Cm
Cm7
4
F7
F7
B♭7M
E♭
E♭7M
A7
D7M
D9
D7
Gm
Gm7
Cm/G
Gm
E♭/G
C°/G
Gm
E♭/G
E♭7M/G
f Gsus
Gm

The sound of Music

(A noviça rebelde)

Letra de Oscar Hammerstein II

Música de Richard Rodgers

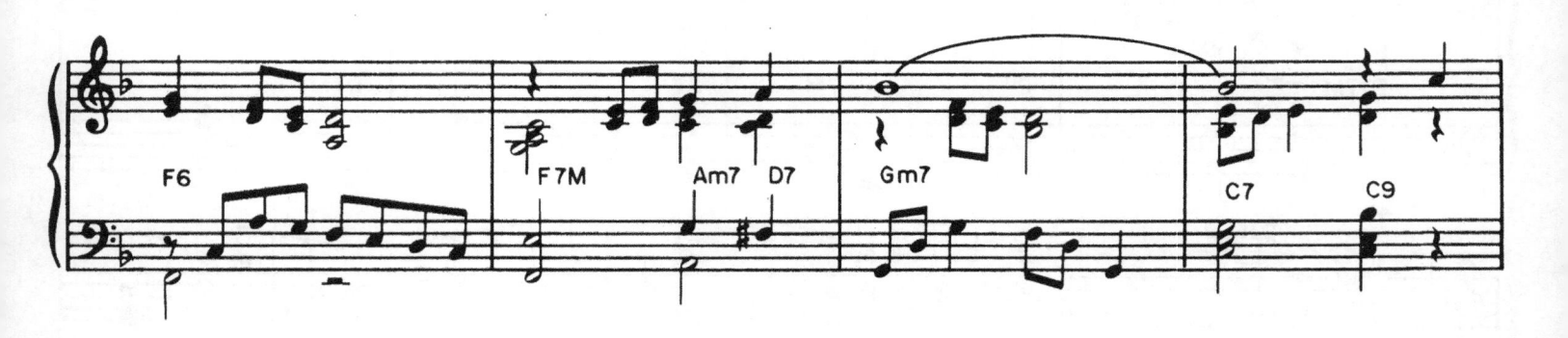

Bb7M
C9-
F
Dm7
Gm7
C9-
F
Bb7M
C9-
F
C
Dm7
G4
G7
C9
Cm7
F7
Bb7M
C9-
F
Dm7
9
Bb7M
C9-
F
A7
Dm7
Bm5-
Am
Am7
Dm7
G13
4
C7
9
C9
F7M
E
F
Dm9

TOM — FÁ MAIOR
F C7 F

Introdução: F C7 F

      F7M
The hills are alive
                       E4 F7 E4 E7
With the sound of music
         F6
With songs they have sung
F7M   *Am7 D7 Gm7 C7 C9*
For a thousand years,
    F7M
The hills fill my heart
                 E4 E7 E47 Bb7
With the sound of music
  F   *Gm7*
My heart wants to sing
    C7   *F*   *Bb7*
Every song it hears.

    F/C   *Am7*   *Bb7M*
My heart wants to beat
     C9-   *F*
Like the wings of the birds
  Dm7   *Gm7*   *F*
That rise from the lake to the trees
  Bb7M   *C9-*
My heart wants to sigh
   F   *Dm7*
Like a chime that flies
    G4   *G7 G5+C9* *Cm7*
From a church on a breeze.

   F7 *Bb7M*   *C9-*
To laugh like a brook
    F/C   *Dm7*
When it trips and falls
   Bb7m *C9-*   *F A7*
Over stones on its way
  Dm7 Bm5-   *Am*
To sing through the night
       Dm7
Like a lark
  G7   *C47 C9*
Who is learning to pray.

F7M
I go to the hills
              E
When my heart is lonely
 F
I know I will hear
       Dm7   *Bb/C* *Bbm6*
What I've heard before
B° *F7M*
My heart will be blessed
Am   *D7*   *Gm7* *Bb7M*
With the sound of music
Bbm6   *Am7 Ab°*
And I'll sing
C7   *F7*
Once more.

Raindrops Keep Fallin' on My Head

Letra de Hal David

Música de Burt Bacharad

© 1969 By BLUE SEAS MUSIC INC/JAC MUSIC CO.INC § 20TH CENTURY MUSIC CORP SEK SONGS DO BRASIL EDIÇÕES MUSICAIS LTDA.

F
Em7
B7
B♭
Gm7
C
C/B♭
Am7
D9
Am7
D9
Gm7
C7
3
F
F7M
F7
B♭7M
Am7
D7
Am7
D9
Gm7
D9-
Gm7
B♭/C
C9-
F
F7M
Gm7
F

```
TOM — FÁ MAIOR
F  C7  F

Introdução: F  C7  F
```

```
         F              Bb/C        F
    Raindrops keep fallin' on my head
           F7
    And just like
                        Bb7M         Am
    The guy whose feet are too big for his bed
         D7           Am
    Nothing' seems to fit
         D79
    Those
    Gm7        D79-       Gm7
    Raindrops are fallin' on my head
                    Bb/C
    They keep fallin'

Bb     C9-   F        Bblc       F
    So I just did me some talkin' to the sun
    Bb7M F7              Bb
    And I said I didn't like the way
         Bbm6       Am7  D7
    He got things done
         D7          Am7
    Sleepin' on the job
         D7
    Those
    Gm          D7       Gm7
    Raindrops are fallin' on my head

    They keep falling'

Bb         C7       F
    But there's one thing
         Em7   B7
    I know
          B6        Gm7      C    C/Bb
    The blues they send to meet me
              Am7
    Won't defeat me
         D9
    It won't be long
         Am7  D9      Gm7
    Till happiness steps up
              C7
    To great me.

    F                       F7M
    Raindrops keep fallin' on my head
         F7                  Bb7M        Am
    But that doesn't mean my eyes will soon be turnin' red
    Am7    D7    Am
    Cryin's not for me
         D7
    'Cause
    Gm7      D9-        Gm7.
    I'm never gonna stop the rain by complainin'
Bl      C9-     F   F7M
    Because I'm free
Gm7-                    F
    Nothing's worryn' me.
```

Dó - Re - Mi

Letra de Oscar Hammerstein II

Música de Richard Rodgers

© 1959 By RICHARD RODGERS & OSCAR HAMMERSTEIN II/WARNER CHAPPELL ED. MUS. LTDA.

115

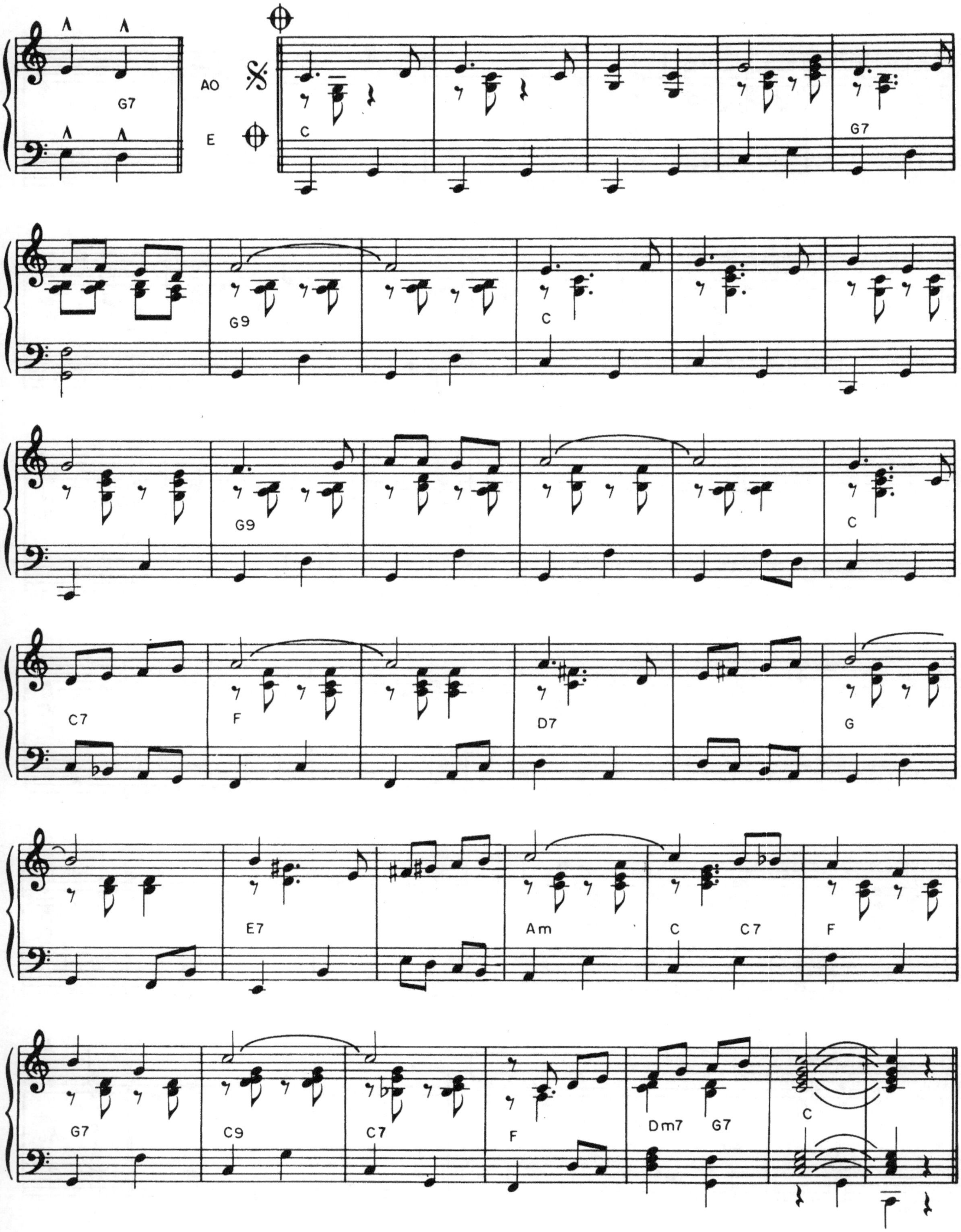
G7
AO
E
C
G7
G9
C
G9
C
C7
F
D7
G
E7
Am
C
C7
F
G7
C9
C7
F
Dm7
G7
C

```
TOM — DÓ MAIOR
C  G7  C

Introdução: C  G7  C
```

MARIA:

    G
Let's start

At the very beguinning
      G7
A very good place to start
                  C
When you read you beguin with.

GRETEL:

C
A   B   C

MARIA:

      G7   C   G7
When you sing beguin with:
C   G7   C
DO RÉ MI

CRIANÇAS:

C   G7   C
DO RÉ MI

MARIA:

C   G7   C
DO RÉ MI
  G7
The first three notes
  G7   C
Just happen to be
C   G   C
DO RÉ MI

CRIANÇAS:

DO RÉ MI

MARIA:

C   G7   C
DO RÉ MI
   G7
FA SO LA TI

MARIA:

C
DOE a der a female deer
G7
Ray a drop of golden sun
C
Me a name I call myself
G7
FAR a long long way to run
 C   C7   F
SEW a needle pulling thread
D7   G
LA a note to follow sew
E7   Am C
TEA a drink with jam and bread
C7   F   G7
That will bring us back to
C   G7 C
DO Oh! Oh! Oh!

MARIA:

C
A deer a female deer

CRIANÇAS:

G7
RAY

MARIA:

A drop of golden sun

CRIANÇAS:

C
ME

MARIA:

A name I call myself

CRIANÇAS:

G7
FAR

A long way to run

TODOS:

C
SO
   C7   F
A needle pulling thread
C
A

MARIA:

D7   G
A note to follow so
E7
TI

CRIANÇAS:

                    Am
A drink with jam and bread

MARIA:

    F   G7
That will bring us back to
C
DOE

TODOS:

A deer a female deer
G7
Ray a drop of golden sun
C
ME a name I call myself
G7
Far a long long way to run
C   C7   F
SEW a needle pulling thread
D7   G
LA a note to follow sew
E7   Am C
TEA a drink with jam and bread

MARIA:

    F   C9
That will bring back to
C7
DOE
F   Dm7
  DO RÉ MI
      G7   C
  SO LA TI DO

Ebb Tide

(Maré Baixa)

Letra de Carl Sigman

Música de Robert Maxwell

119

```
TOM — DÓ MAIOR
C  G7  C

Introdução: F  Em7  Dm7  C7M  CII+
                                 I3
```

      C7M   Am7
First the tide rushes in
      Dm7   G7
Plants a kiss on the shore
    C/E   Bb6
Then rolls out to sea
       A7   Fm6   G7
And the sea is very still once more.

    C7M   Am7
So I rush to your side
      Dm7   G7
Like the oncoming tide
    C   Bb
With one burning thougt
      A7   A/C# Eb79
Will your arms open wide?

  Dm
At last
        Bm5-E9-
Were face to face
      Am Am7
And as we kiss
        Fm7
Through an embrace.

   C/G C   C5+
I can tell I can feel
    Am   Dm7
You are love you are real
G76 C
Really mine.
   Am   Fm7   Dm7
In the rain in the dark in the sun
G713   C7M
Like the tide
  Am7
At its ebb
  Dm7
I'm at peace
  F/G   C Am Dm7 G7 C69
In the web of your arms.

Laura

Letra de Johnny Mercer

Música de David Raskin

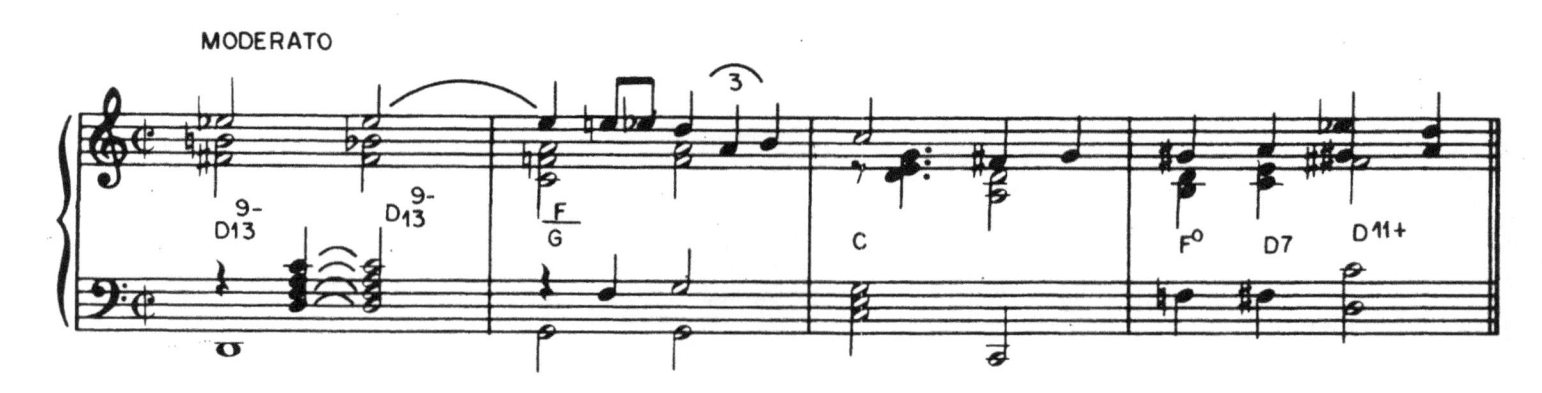

© 1945 By EMI-ROBBINS MUSIC/EMI CATALOG PARTNERSHIP INC/SBK SONGS DO BRASIL.

A tempo
Db/Eb
Eb9 7
Am7
C/D
D9-
G7M
Gm9 6
G7M
Gm7
Bb/C
C9-
F7M
Fm7M
F7M
Fm7
Ab/Bb
Bb9-
G/Eb
Eb7
Cm7
Cm/Bb
Am5-
9- D11+
D
D/C
B
G/B
E9-
Am7
C/D
D9-
G7M
G
Gm7
Bb/C
C9-
F
Fm7M
F7M

TOM — DÓ MAIOR
C G7 C

Introdução: D9-13 D9-13- F/G C F° D7 D11+

    G   Am7   D7/A
You know the feeling
      G   Em7   G   C
Of something half remembered
    G7m   G#o
Of something that never happened
   Am7   C/D D9
Yet you recall it well
Bb7M   Cm   A/C#
You know the feeling
 Bb/D   Gm6
Of recognizing someone
   D69
That you've never met
  A5+   C/D D79 Db/Eb Eb79
As far as you could tell: Well.

   Am7   C/D
Laura
    D9-   G7m Gm69 G7M
Is the face in the misty light
Gm7   Bb/C
Footsteps
    C9-   F7m
That you hear down the hall
Fm7   Ab/Bb
The laugh
   G/Eb   Eb7 Cm7
at floats on a summer night
    Cm/Bb Am5- Dm7 D Bm7
That you can never quite recall

   Am7   C/D
And you see Laura
   D9-   G7M
On the train that is passing thru
G Gm7   Bb
Those eyes
      C7   F   F7M
How familiar they seem
Fm7   Ab5+ G5+   C7M/G Am7
She gave your very first kiss to you
         D9-13 D9-13-
That was Laura
Bm7   F/G G5+ C Fm9 G7M
But she is only a dream.

Blue Moon

Letra de Lorenz Hart

Richard Rodgers

© 1934/1962/1965 By METRO GOLDWYN MAYER INC/SBK SONGS DO BRASIL ED. MUS. LTDA

125

Am7 Dm7 Gm7 C7 F7M Dm7 Gm7 Bb/C
F Gm7 F Dm7 Gm7 C7 F Dm7
Gm7 C9 F Dm7 Bbm7 Eb Ab7M Fm7
C Am7 Dm7 G7 Gm7 C7 F7M Dm9 Gm7 C7
F7M Dm7 Gm7 7 A5+ Dm D7 D5+ Gm7 Bb/C

TOM — FÁ MAIOR
F C7 F

Introdução: *F Gm7 C7 F7M Gm A5+ Dm7 G7 Gm7 C C13*

Dm
Once upon a time
　G7　　　　Gm7
Before I took up smiling
　Dm　　A7　Dm Gm7 A7
I atted the moonlight
Dm　　　　Dm7
Shadows of the night
　G7　　　　Gm7
That poets find beguilling
　　Dm　　A7　Dm　Gm A7 Dm
Seemed flat as the noonlight.

Gm/B6　　A47 A7 D　　Bm
With no one to stay up for
G　　A47 A7　　D
I went to sleep at ten
Gm7　　C7　F7M
Life was a bitter cup
　G4　　G　Bb6　　C7
For the saddest of all men.

Dm
Once upon a time
　G7　　　　Gm7
My heart was just an organ
　Dm　　A7 Dm7 Gm7 A7
My life had no mission
Dm　　　　Dm7
Now that I have you
　G7　　　　Gm7
To be as rich as Morgan.
　Dm7　　A7　Dm Gm A7 Dm
Is my one ambition.
Gm7　　A7　D
Once I awoke at seven
G　　　A7　D
Hatting the morning light
Gm7　　　C F
Now I awake in heaven
　G4　　G7　　Bb6　　C7
And all the world is all right.

　　C7　　F　　Dm7
　Blue moon
Gm7　　　C7　　F7M　Dm7
You saw me standing alone
Gm7　　C7　　　F7M
Without a dream in my heart
Gm7　　Bb/C　　F7M　Dm7 Gm9
Without a love of my own.

　　　F7M　Dm7
Blue moon
Gm7　　　C13　　Am7　Dm7
You knew just what I was there for
Gm7　　　C7　　　F7M　Dm7
You heard me saying a prayer for.
Gm7　　Bb°　　　F Gm7 F Dm7
Someone I really could care for.

　　　　Gm7　　　C7　F　Dm7
And then there suddenly appeared before me
　　　Gm7 C7　　F　Dm7
The only one my arms will ever hold
　　　Bbm7　　Eb　Ab7M　Fm7
I heard somebody whisper; "Please adore me."
　　　　C　　Am7　Dm7 G7 C7
And when I loked the moon had turned to gold.

　　　F7M　Dm　C7　F7M　Dm7
Blue moon now I'm no longer alone
Gm7　　A5+　　Dm7 D7 D5+
Without a dream in my heart
Gm7　　Bb/C　　F B7 F69
Without a love of my own.

You'll Never Know

Letra de Mack Gordon
Música de Harry Warren

© 1943 By BREGMAN, VOCCO AND CONN INC/WARNER BROTHERS/WARNER/CHAPPELL

Gm
D9-
Gm7
Bb/C
Gm7
Bb/C
C/Bb
Am
Abo
Gm7
G7
C7
F
F7M
Am7
Abo
Gm7
(b)
Am7
D9-
Gm7
Db7
C7
Am5-
D7
Gm9
Bbm7
Bbm6
F7M/C
Eb7
D7
3
Gm9
G7
C7
1.
F
Dm7
Gm7
C7
2.
F6/9

TOM — FÁ MAIOR
F C7 F

Introdução: F C7 F

F   C°/F# Gm7 F#°
Darling, I'm so blue without you
    Gm7   C7   F Ab Gm7
I think about you the life-long day
F   F7M G5+ C   C7M
When you ask me if   I'm lonely
    C#°   Dm7 G7   Gm7 C13
Then I have only this to say;

F   F74   Am7 Ab°Gm Am7
You never know just how much I miss you
Gm7   Db7 C7 F7M Bb7M
You'll never know just how much I care
F7M   Bb9
And if I tried
 Am7   D7   Gm   D9-
I still couldn't hide my love for you
Gm7   Bb
You ought to know
   Gm7   Bb/C C/Bb Am
For haven't I told you so
Ab Gm7   G7   C7
A millions or more times
F   F7M   Am7 Ab Gm   Am D9-
You went away and my heart went with you
Gm7   Db7 C7 Am5- D7
I speak your name in my eve - ry prayer
      Gm7
If there is someother way
 Bbm7   Bbm6
To prove that I love you
 F7M   D7
I swear I don't know how
Gm7   C7
You'll never know
    G7   C7   F
If you don't know now.

          Para o Ritornello:

F   F7M   Am7 Ab° Gm Am7
You'll never know just how much I miss   you
Gm7   Db7   C7 F7M Bb7 Am7 Gm9 C9-
You'll never know just how much I care
F7M   Bb9
You sai good bye
 Am7   D7   Gm   D9-
No stars in the sky refuse to shine
Gm7   Bb   Gm7   Am
Take it from me, its no fun to be alone
Ab° Gm7   G7
With moonlight and memories
F   F7M   Am7 Ab° Gm   Am D7
You went away and my heart went with you
Gm   Db7 C7 Am5- D7
I speak your name in my eve - ry prayer
      Gm7   Bbm7   Bbm6
If there is someother way to prove that I love you
 F7M   D7
I swear I don't know how
Gm7   C7   G7   C7 F
You'll never know if you don't know now.

La Mer

Letra e Música de Charles Trenet

© 1945 By RAOUL BRETON/MCA MUSIC INC/MCA DO BRASIL EDITORA MUSICAL LTDA.

F7M A4 A7 Dm7 B/C F7M/C F13 B♭7M D4 D7 Gm7 A5+
Dm7 G11+ C7 F E7 A9 F♯m7 Bm7 E7
A F♯m7 Bm7 E7 A7M Dm9 G13 C Am7
Dm7 G7 C Am Dm/G G7 Gm7 B♭/C C7/9 F Dm7
Gm9 C7 F7M Dm7 B♭/C C7 F7M A7 Dm9 C7

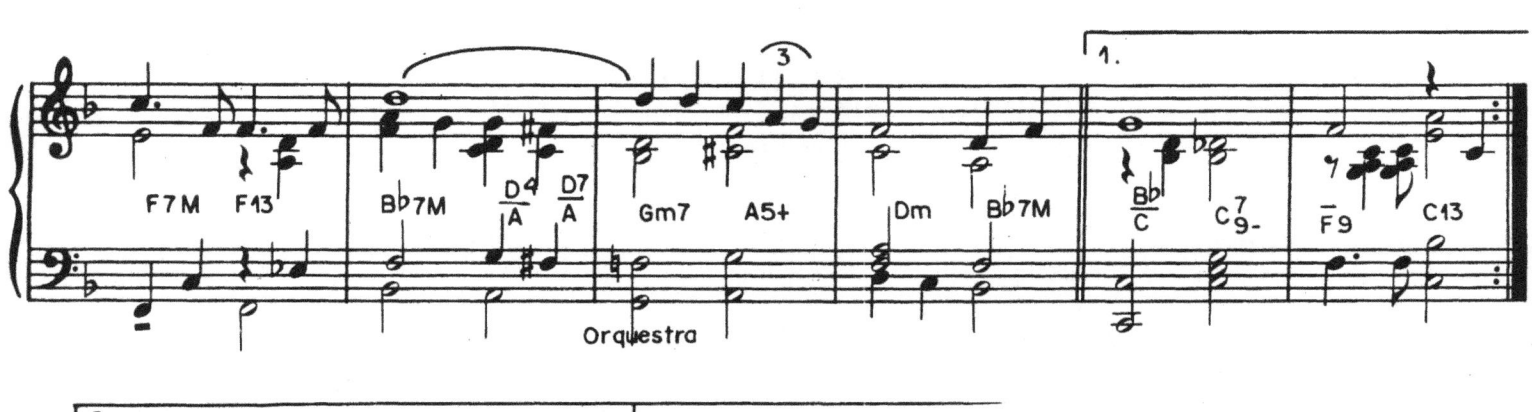

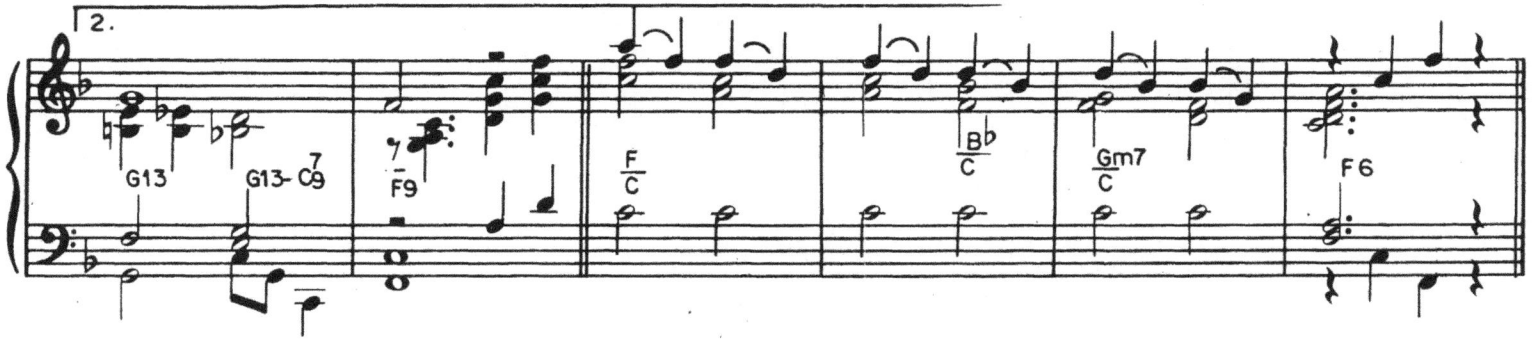

TOM — FÁ MAIOR
F C7 F

Introdução: F Bb Gm7 C7
            C

      F   Dm Gm79
La mer

C9   F7M Dm7
Qu'on voit danser

   Gm7 C7   F7M A4 A7 Dm7
Le long des golfes clairs

C7   F7M   F13
A des reflets d'argent

   Bb7M Am7 D7
La mer,

Gm7   A5+   Dm7
Des reflets changeant

     G7   C   C7
Sous la plui — e ...

    F Dm Gm7
La mer

C7   F Dm7   Gm
Au ciel d'été   confond

C7   F7M A4 A7 Dm7
Ses blancs moutons

 Bb/C F7M   F13
Avec les anges si purs

 Bb74 D4 D7 Gm7
La mer

   A5   Dm7   G11+ C7 F E7
Bergére d'azur infinie.

   A9 F#m7 Bm7
Voyez,

E7   A   F#m7
Prés des étangs

  E7   A7M Dm9 G13
Ces grands roseaux mouillés

   C Am Dm7
Voyez,

G7   C
Ces oiseaux blancs

AmDm   G7   Gm7 Bb/C C7
Et ces maisons rouillées

C7 F Dm Gm9
La mer

C7   F7M Dm
Les a bercés

 Bb6 C7   F7M A7 Dm9
Le long des golfes clairs

C7   F7M   F13
Et d'une chanson d'amour

  Bb7M D7 Gm7
La mer

A5+   Dm Bb7M   G13 C7 Bb/C Gm7/6 F6
A bercé mon cœur pour la vi - e.

Malagueña

Son Huasteco

Letra de Elpidio Ramirez

Música de Elpídio Ramirez e Pedro Galindo.

© 1939 By SOUTHERN MUSIC PUB/IRMÃOS VITALE S/A. INDÚSTRIA E COMÉRCIO.

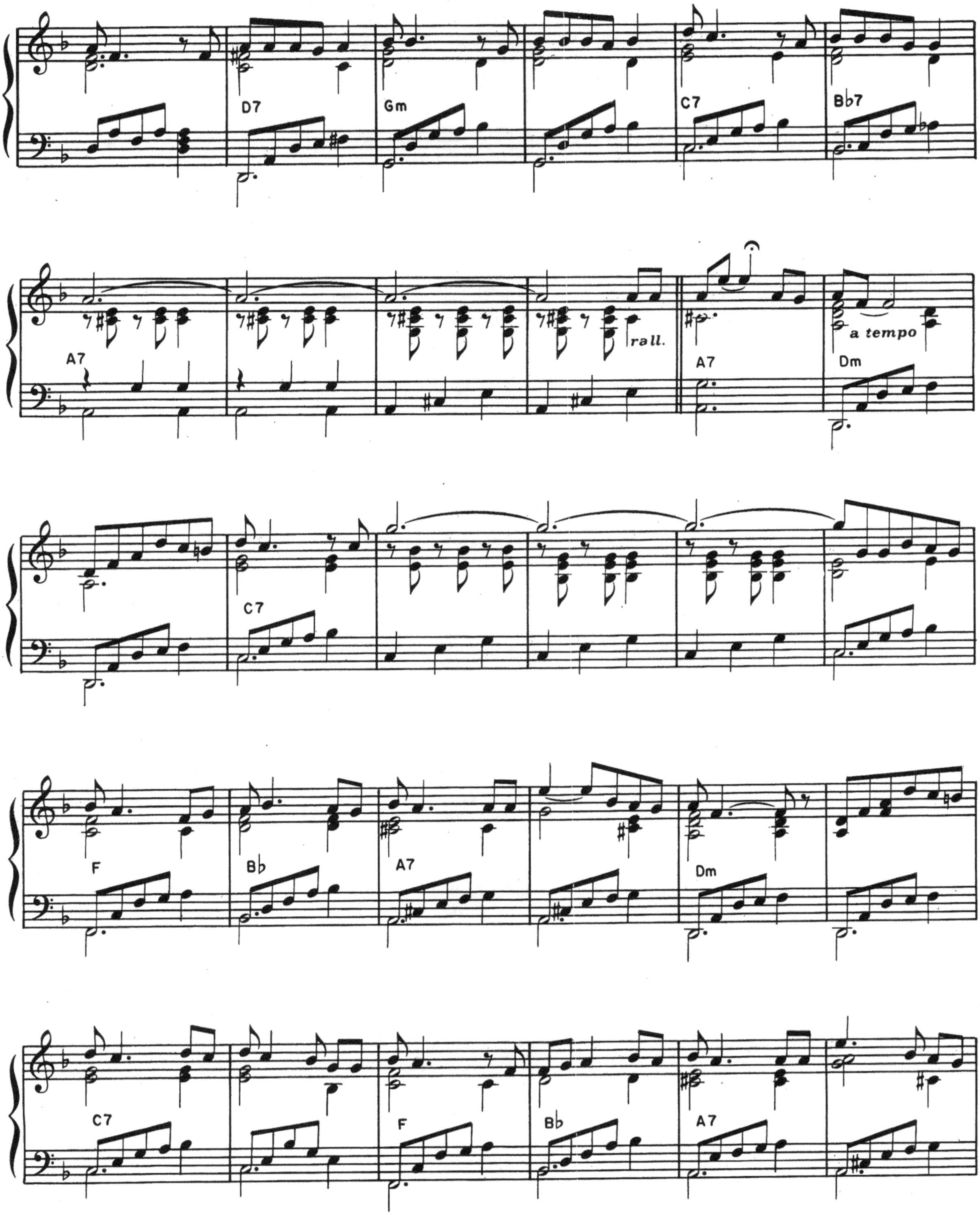
D7
Gm
C7
Bb7
A7
rall.
A7
a tempo
Dm
C7
F
Bb
A7
Dm
C7
F
Bb
A7

TOM — RÉ MENOR
Dm F7 Dm

Introdução: *Dm A7 Dm C7 A7 Dm*

Dm
Que bonitos ojos tienes
D7   Gm
Debajo de esas dos cejas
              C7
Debajo de esas dos cejas
Bb7   A7
Que bonitos ojos tienes.
Dm
Ellos me quieren mirar
D7   Gm
Pero si tu no los dejas
         C7
Pero si tu no los dejas
Bb7   A7
Ni siquera parpadear.

A7   Dm
Malagueña salerosa
           C7
Besar tus labios quisiera
       F
A tus lábios quisiera
Bb   A7
Malagueña salerosa
         Dm
Y decirte niña hermosa
         C7
Eres linda y hechicera
       F
Eres linda y hechicera
Bb   A7
Como el candor de una rosa.
            Dm
Y decirte niña hermosa,
         C7
Eres linda y hechicera
       F
Eres linda y hechicera
       A7   Dm
Como el candor de una rosa
       A7   Dm
Como el candor de una rosa.

Dm
Si por pobre me desprecias
D7   Gm
Yo te concedo razón
            C7
Yo te concedo razón
Bb7   A7
Si por pobre me desprecias.
Dm
Yo no te ofresco riquezas
D7   Gm
Te ofresco mi corazón
            C7
Te ofresco mi corazón
Bb7   A7
A cambio de mi pobreza.

Coubanakan

Bolero

Letra de Sauvat e Chamfley

Música de Moiséis Simons

© 1938 By SOCIETE EIMEF-OPERA IRMÃOS VITALE S/A.

C7M
F7M
Em9
Dm9
C7M
F7M
C7M
Am7
F7M Em9
Dm9
G7
G13
Dm7
F/G
G7
F7M
Em7
Dm9
G9
Em9
A9
Dm9
G13
C7M
F/G
C7M
F/G
C7M
Gm7
C7
F7M
F7M
A9
Dm7

TOM — DÓ MENOR
Cm G7 Cm

Introdução: *Cm7 Gm7 Cm7 Gm7*

    Cm
Bien loin d'ici
Fm   *Cm*
Je connais un pays mervelleux
Db7m
Ou tout sourit
        Cm7
Sous un ciel tropical et radieux
G7 Cm
On croit rêver
Fm   *Gm7*   *Cm*
Dans cette ile au tranquille bonheur
D7
Et captivé
  D9-   *F/G G7 G Dm5- D7 G7*
On y laisse son coeur

G7 C7M
Coubanakan
F7M   *Em9*   *Dm9*
O pays de mystére et d'amour
C7M   *F7M*   *C7M*
Ou les coeurs brulent la nuit, le jour
Am7   *F7M* *Em9Dm9 G7 G13*
D'une ardeur allegresse
Dm7
Coubanakan
F/G   *G7*
Tout en moi chante ton souvenir
F7M   *Em7*
Ton ciel bleu, tes parfums, tes désirs,
Dm9   *G7* *Em9A7 Dm9 G93*
Et ceux d'une maitresse
C7M
Coubanakan,
F/G   *CTM*
Ta sauvage et rude volupté
F/G   *C7M*
Ton charme et ta grace et ta beauté
Gm7   *C7* *F7M* *A7*
Chantent en ma mémoire.
Dm7
Coubanakan
F/G   *C7M*
Que la brisi aille dans un frisson
C7M9   *Dm7*
Te confier tendrement la chanson
G7   *G13* *C* *C7M9*
Ou je mets mon espoir.
Fm6   *C̄9*
Comme un secret jaloux
Fm/Ab *G7* *C7M C9*
Mon aveu le plus doux.

Aquellos hojos verdes

(Aqueles olhos verdes)

Letra Castellana de Adolfo Utrera

Música de Nilo Menendez

© 1929/1931 By P. I. C. § IRMÃOS VITALE S/A. COMERCIO

TOM — RÉ MAIOR
D A7 D

Introdução: G6 G7M Gm6 D69 D79 C69 B49 B7 Gm7 A7

        D9/F#   G/A
Aquellos hojos verdes
        D/G   G/A
De mirada serena
        D69/A C7 B7
Dejaron en mi alma
        Em9 A13
Eterna sed de amar
        Em Em7
Anhelos de caricias
        A4 A7 Em
De besos y ternuras
        A7   Bm
De todas las dulzuras
  E7   A7 G/A A9
Que sabian brindar.

        D9/F# G/A
Aquellos hojos verdes
        D/A   G/A
Serenos como un lago
        D69   C7 B7
En cuyas quietas aguas
        Em7
Un dia me miré
        G6 G7M9
No saben las triste - zas
        D/A C7 B7
Quen en mi alma han desejado
        Em
Aquellos hojos verdes
    A9   D Gm79
Que yo nunca besaré.

Amor

Bolero

Letra de Ricardo Lopez Mendez

Música de Gabriel Ruiz

© 1941 By P.H.A.M. S/A § IRMÃOS VITALE S/A. INDÚSTRIA E COMERCIO

TOM — DÓ MAIOR
C G7 C

Introdução: C C69 C7M C69 Em Dm7 G/I3

       C69   G7   C7M   F7M
Amor, amor, amor,
           C69   Em9 Am9   Dm7   G7
Nació de ti, nació de mi de la esperanza,
  Dm A9/C#   Dm
Amor, amor, amor,
        G7   G13 G7   C Am Am/G F#m B7
Nació de Diós, para los dos, nació del al - ma.

   Em   F#m5-   B7
Sentir que tus besos anidaron en mi
  F#m5- B7   Em   D7
Igual que palomas mensajeras de luz
   G   G#   Am
Saber que mis besos se quedaron en ti
   C/D   D79   E/G   G13
Haciendo en tus labios la senal de la cruz.

Estribilho

   C69   G7   C7M   F7M
Amor, amor, amor. etc.

La vie en rose

Letra de Edith Piaf

Música de Louiguy

(C) 1947 By Editions Arpège (C) 1950 By Harms Inc.
(C) Para o Brasil 1970 By Warner – Chappell Edições Musicais Ltda.

TOM — DÓ MAIOR
C G7 C

Introdução: G9- Am G° F Dm7 G13
              G   G

               C   A7
Des yeux qui font baiser les miens
        Dm   G7
Un rire qui se perd sur sa bouche
     C7M   Em5-
Voilá le portrait sans retouche
         A7   Dm7 G7
De l'homme auquel j'appartiens,

C9   F7M
Quand il me prend
    C7M
Dans ses bras
 F7M   C7M
Il me parle tous bas
        Dm   G13
Je vois la vie en rose.
Dm7   G7
Il me dit des mots d'amour
        Dm7
Des mots de tous les jours
 G7   Em9 A7 Dm7 G13
E ça me fait quelque cho - se.
    G13   C7M
Il est entré dans mon cœur
    C69   Gm7
Une part de bonheur
     C7   F
Dont je connais la cause

Fm6
C'est lui pour moi
     C6   C7M
Moi pour lui dans la vie
Am7   D7   Dm7
Il me l'a dit, l'a juré
   G9
Pour la vie.

C   F7M   Em7
Et dés que je l'aperçois
Am7   Dm7
Alors je sens en moi
   G7   C Dm5-7M C69
Mon cœur qui bat.

Contigo

Bolero

Letra e Música de Claudio Estrada

TOM — DÓ MAIOR
C G7 C

Introdução: *Dm7 Gl3 C7 C7M C7 Am7 Dm7 G7*

      C7M   E7/B   Am   Dm Em7 A7
Tus besos se llegaron a recrear aqui en mi boca

  Dm   F/G G7 C7M9 C7M Dm7
Llenando de ilusión y de passión mi vida lo-   ca

Gl3   C/E   Eb°   Dm7 G7
Las horas más felices de mi amor fueron contigo

Dm7   Dm7
Por eso es que mi alma siempre extraña al dulce ali - vio.

      C7M   E7/B   Am   Am6   Dn Dm7 Em7 A7
Te puedo yo jurar ante un altar mi amor since - ro

  Dm   F/G F9   C7M9 Dm G7
A todo el mundo le puedes contar que si te quiero

  C   Am   Ab/B Gm7 C7   F7M Dm7
Tus labios me enseñaron   a sentir   lo que es ternura.

Gm/Bb   A7   Dm7 G7   C7M C69 Bb11+ C7M
Y no me cansaré de bendecir, tanta dulzura.

La Cumparsita

Tango

Letra e Música de G.H. Matos Rodriguez

Gm
D9-
Gm
D7
Gm
D7
Gm
G7
Cm
Gm
D7
Gm
Trio
f
Gm
D9-
Gm
Cm
Gm
p
Cm
Gm
Eb7
D7
Gm
D7
Gm
D.C. ao FIM

```
TOM — SOL MENOR
Gm  D7  Gm
Introdução: Gm  D7  Gm
```

I

D7
La Cumparsa
         Gm
De miseria sin fin

Desfila
           D7
Entorno de aquel ser

Enfermo
           Gm/Bb
Que pronto ha de morir

De pena
             Cm
Por eso es que en su lecho
      Gm
Solloza acongojado
         D7
Recordando el passado
D7   Gm
Que lo hace padecer.

II

Gm   D7   Gm
Abandonó'   su viejita
                 D7
Que quedó desamparada

Y loco de pasión

Ciego de amor
             Gm
Corrió trás de su amada
D7 Gm
Que era linda e hechicera
G7   Cm
De lujuria era una flor

Que burló su querer
Gm
Hasta que se cansó
D7   Gm
Y por por otro lo dejó

I

D7
Largo tiempo
                 Gm
Después, cayó al hogar

Materno
          D7
Para poder curar

Su enfermo
         Gm
Y herido corazó

Y supo
         Cm
Que su viejita santa
            Gm
La que el habia dejado
         D7
El invierno pasado
D7   Gm
De frio se morió.

III

Gm   D7   Gm
Hoy ya solo abandonado
Cm   Gm
A lo triste de su suerte
Gm   D7   Gm
Ancioso espera   la muerte
Cm   Gm
Que bien pronto ha de llegar
    Eb7 D7
Y entre la triste frialdad
        Gm
Que lenta invade el corazón
      D7
Sintió la cruda sensación
     Gm
De su maldad.

I (Para finalizar)

D7   Gm
Entre sonhos se le oye respirar
                  D7
Sufriente, al que antes de morir
                 Gm
Sonrie, porque una dulce paz se llega
            Cm
Sintió que desde el cielo
        Gm
La madrecida buena
       D7
Mitigando sus penas
        Gm
Sus culpas perdonó.

Ti Voglio tanto bene!

(Quero-te tanto bem!)

Letra de Domenico Furno

Música de Ernesto de Curtis

© 1938 By P. LEONARDI/IRMÃOS VITALE S/A INDÚSTRIA E COMÉRCIO.

A7
B♭ 9 7
A9-
A9
à tempo
6 D9
D5+
7M D6 9
D5+
D
D#o
Em7
B9-
Em
G/A
Em7
A7
Em7
A9
D6
G/A
D 6 9
D5+
D6
D5+
D
B 9- 7

TOM — RÉ MAIOR
D A7 D

Introdução: *G6 Gm D7M Bm7 A7 D*

    Dm Bm5- Bb7M A7
Non una stella brilla
                Em5-
In mezzo al cielo
    A5+   *Dm6*
La stella mia sei tu...
    A79-   *Dm Bm5- Bb*
Sul mio cammino tu m'accompagni
    C4   *F7M9*
E segui il mio destino
  Bb7M Bb6 A7 Bb7M9 A9-
Tu sei   la vita e la felicitá.

    D69   *D5+*   *D67M9*
Dimmi   che l'amor tuo non muore
D5+   *D*   *D#°* *Em7*
É come il sole dóro non muore piú;
D9 *Em G/A*   *Em7*
Demmi   che non mi sai ingannare
A7   *Em7* *A9*   *D6G/A*
Il sogno mio damore per sempre sei tu!
  D69 *D5+*   *D6*
Cara   ti voglio tanto bene!
D5+   *D*   *B79-* *Em*
Non he nessuno al mondo piú cara di te
B5+9- Em7 Gm7   *D*
T'amo!   Sei tu il mio grande amore
  Bm9   *E7* *A7*   *D Gm67M D67M9*
La vita del mio cuore sei solo tu.

Yesterday

John Lennon e Paul McCartney

```
TOM — FÁ MAIOR
F  C7  F

Introdução: F  C7  F
```

   F   Em7
Yesterday
     A7   Dm   Dm7/C
All my troubles seemed so far away
    C7   F
Now it looks as though they're here to stay
C/E Dm G7   Bb   F C7
Oh! I believe in yesterday

   F   Em7
Suddenly
     A7   Dm   Dm7/C
I'm not half the man I used to be
    C7   F
There's a shadow handing over me
C/E Dm G7   Bb   F
Oh! Yesterday came suddenly.

A4   A9   Dm   C6   Bb7M
Why she had to go
Dm/G   Gm   C7   F
I don't know she wouldn't say
A4 A7 Dm   C   Bb
I said something wrong
     Gm7   C7   F Bb C9- F
Now I long for yesterday.

   F   Em7
Yesterday
     A7   Dm   Dm/C Bb
Love was such an easy game to play
    C7   F
Now I need a place to hide away
C/E Dm G7   Bb
Oh! I believe in yesterday.
F   G/B   Bb   F
Mm   mm   mm   mm   mm

Diez Años

Canción Bolero

Música e Letra de Rafael Hernandez

Tempo de Bolero

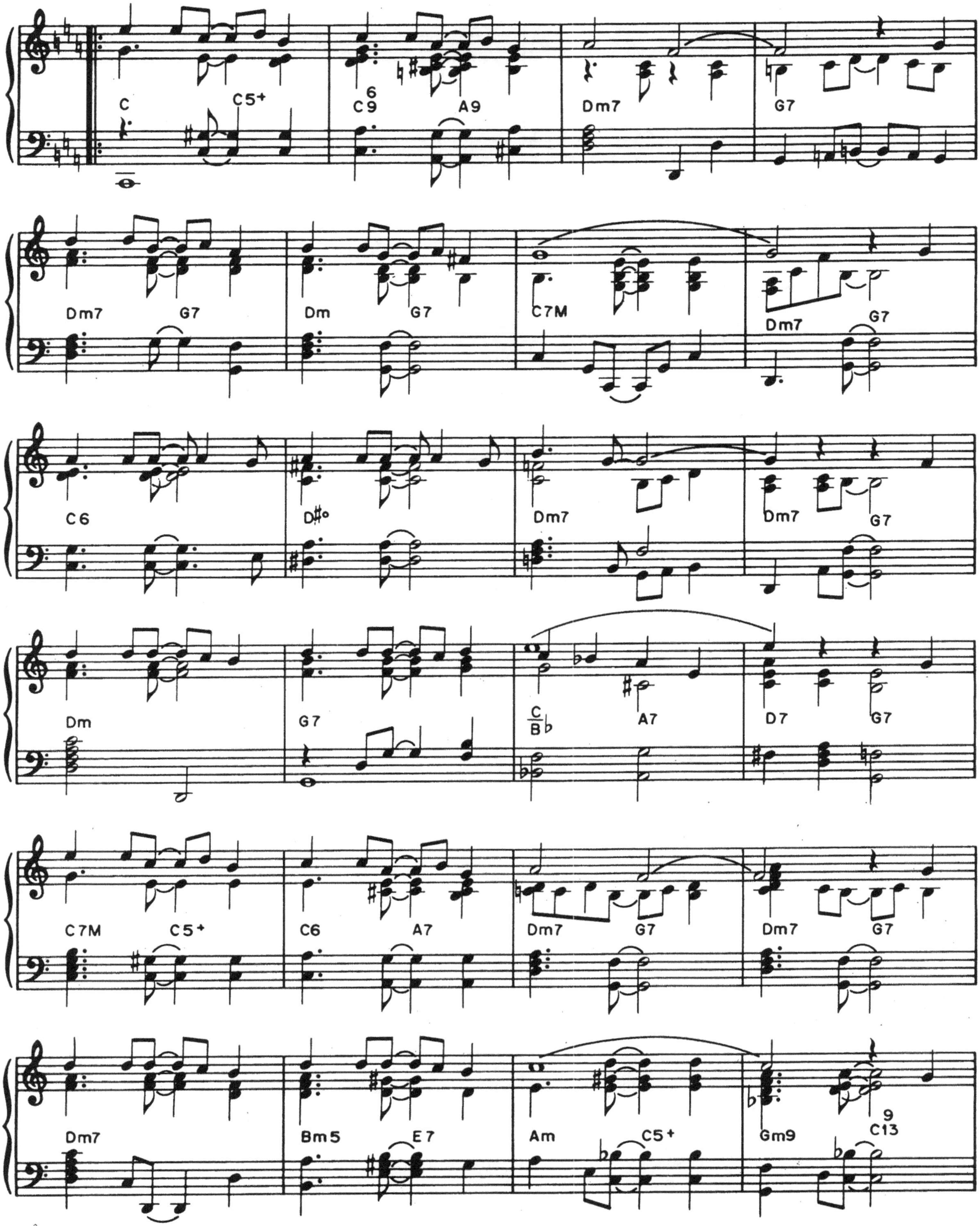

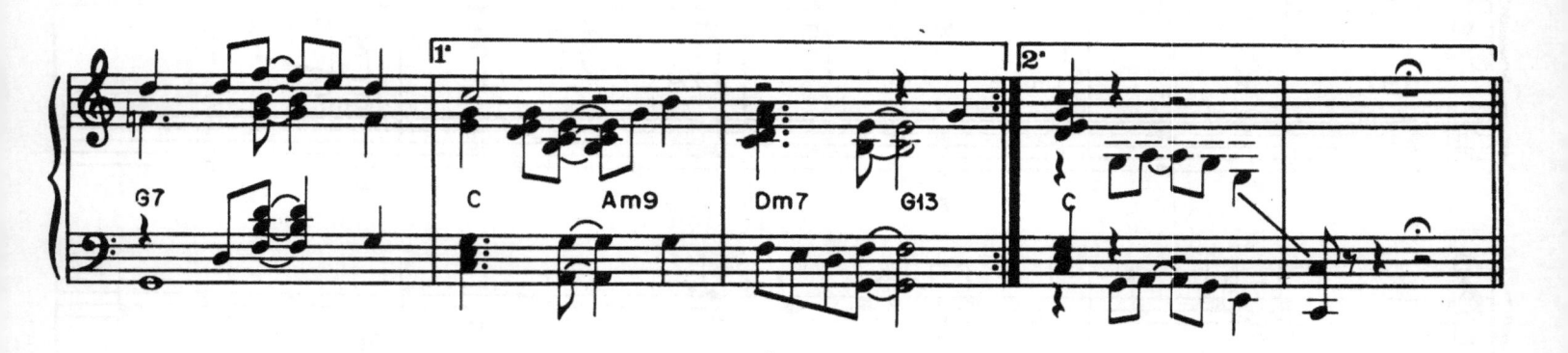

TOM — DÓ MENOR
Cm G7 Cm

Introdução: *Ab7M Fm9 C5+ G9- Cm*

    Cm   *Fm7*   *Cm*
Ayer se cumplieran diez años

           Ab   *Dm5-*
De no ver tu cara

G7   *G5+*   *Fm6*
De no mirar tus ojos

G7   *Cm Dm Cm*
De no besar tu bo - ca

Gm74   *C7*
Ayer fué tan grande la pena

          Fm7
Que sentió mi alma

Dm5-   *Fm/G* *Cm/Eb*
Al recordar que tu

Ab7   *G7* *Cb9* *Dm9*
Fuiste mi primer amor.

G13   *C*   *C5+* *C69* *A9*   *Dm7*
Te acuerdas junto a una fuente nos encontramos?

G7   *Dm7 G7*   *Dm G7* *C7M Dm7 G7*
Que alegre fué aquella tarde para los dos

      C6   *D#°*   *Dm7*
Te acuerdas cuando la noche tendió su manto

G7 *Dm*   *G7*   *C/Bb A7 D7*
Y el cantico de la fuente nos arrulló.

G7 *C7M* *G7* *C6* *A7* *Dm7 G7 Dm7*
El sueño venció tus ojos cerró los mi - os

G7 *Dm*   *Bm5- E7*   *Am C5+ Gm C913*
Senti que tu boca linda me murmoró

   Fm   *Fm6*   *C C7M Am7 A9*
Abrazame por tu madre que siento frio

   D7   *G7*   *C Am9 Dm7 G13 C*
Y el resto de este romance lo sabe Dios.

Angelitos Negros

Canción Moruna

Letra de Andrés Eloy Blanco

Música de Manoel Alvarez Maciste

© 1946 By E. M. M. I. — IRMÃOS VITALE S/A. INDUSTRIA E COMERCIO.

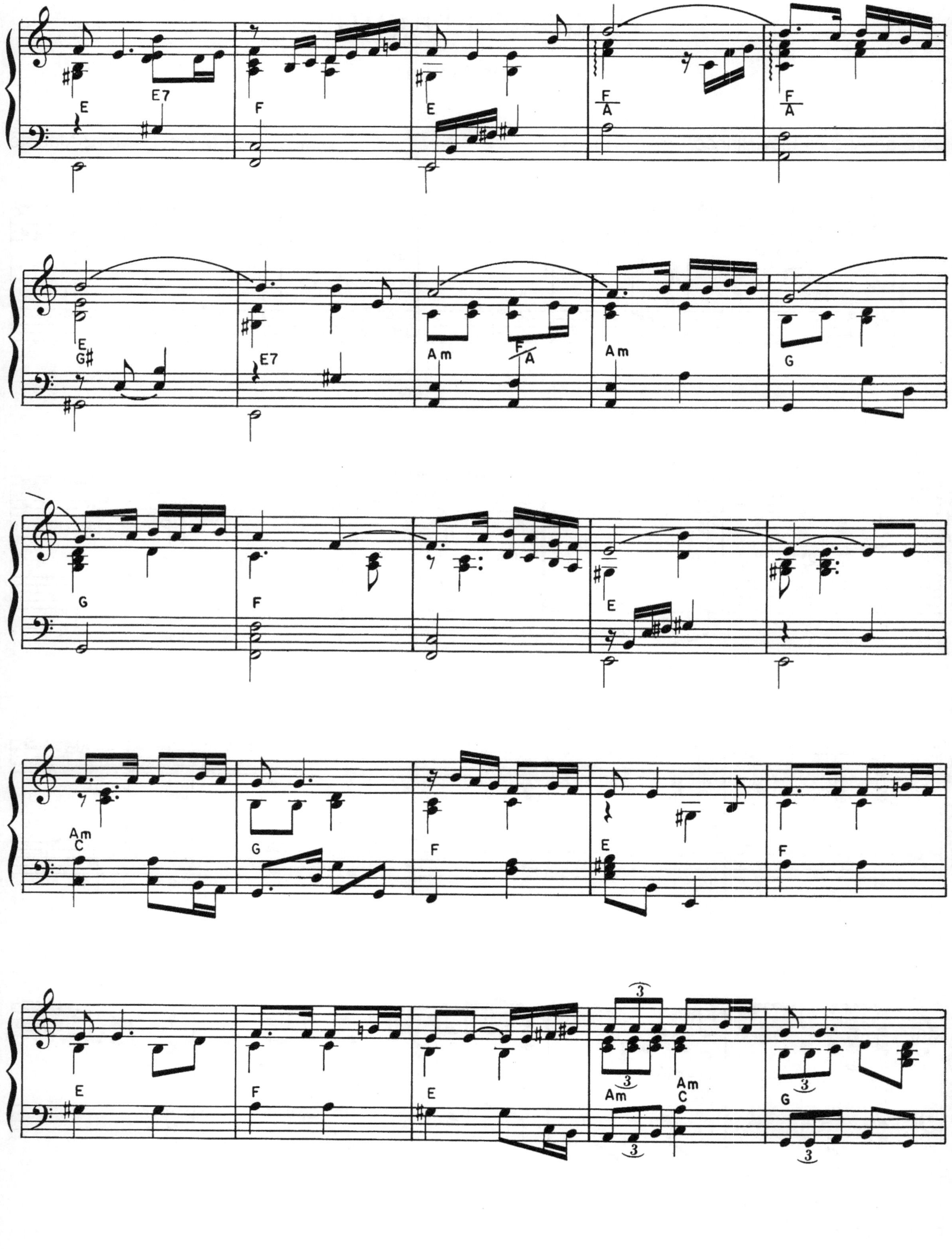
E
E7
F
E
F/A
F/A
E/G♯
E7
Am
F/A
Am
G
G
F
E
Am/C
G
F
E
F
E
F
E
Am
Am/C
G
3

TOM — LÁ MENOR
Am E7 Am

Introdução: *A E/B A D/A D/A D/B E7 D/A A*

     Am   *G*
Pintor nascido en mi tierra
F   *E*
Con el pincel extrangero
  F/A   *E*
Pintor que segues el rumbo
  F/A   *E*
De tantos pintores viejos.
    Am   *G7*
Aunque la Virgen sea blanca
F   *E*
Pintame angelitos negros
F   *E* *E7*
Que tambien se van al cielo
F   *E*
Todos los negritos buenos.

  F/A   *E* *E7*
Pintor si pintas con ardor
  Am   *G*
Por que desprecias su color
            F
Si sabes que en el cielo
           E
Tambien los quiere Dios.

  Am/C   *G*
Pintor de santos de alcoba
F   *E*
Si tienes alma en el cuerpo
   F   *E*
Por que al pintar en tus cuadros
F   *E*
Te olvidas de los negros
Am   *Am/C* *G*
Siempre que pintas iglesias
F   *E*
Pintas angelitos bellos
F7M   *E*
Pero nunca te acordaste
E7   *Am*
De pintar un angel negro.

Maria Bonita

Valsa

Agustin Lara

G7M
D/F♯
D°
Em7
A9
F♯m7
Em9
A7
C/A
A7
Em7
A7
Em7
A5+
D
D/F♯
Em9
A13
D
G/A
D7M
G/A
D7M 9

Am7
D7
G
G7M
C
D
D7
G7M
G♯º
D
G7M
D 7M
Bm7
Em
A9
Em7
A9
Em9
A7
D
Ao
𝄋
e
Em9
Em
D
A7
G
D
G7M
D
A7
D

```
TOM — RÉ MAIOR
 D  A7  D
Introdução: G  A7  D  A  G7M  A13  A7  D  Em7  A13
```

```
      D      G/A     D7M
Acuerdate de Acalpuco
      G/A     D7M
De Aquellas noches
     G/A   D7M
Maria Bonita
       D°   Em7  A9  F#m7  Em9
Maria del Al - ma
     A7              G/A
Acuerdate que en la playa
           Em7
Con tus manitas
 A7        Em7
Las estrellitas
 A5+       D    D/F#  Em9  A13
Las enjuaga - bas.
      D     G/A     D7M
Tu cuerpo del mar juguete
    G/A      D7M
Nave al garete
             Am7
Venian las olas
      D7      G   G7M
Lo columpi- a- ban
    D7      Bm7     Em
Y cuando yo te-miraba
 A7           Em7
Lo digo con sentimiento
          A7    Em9
Mi piensamiento
     A7     D
Me traicionaba.
```

```
     D     G/A     D7M
Te dije muchas palabras
    G/A    D7M
De esas bonitas
    G/A         D7M
Con que se arrullan
     D°   Em7  A7  F#m7  Em9
Los corazo - nes
   A7            G/A
Pediendo que me quisieras
        Em7
Que convirtieras
 A7      Em7
En realidades
 A5+    D    D/F#  Em9  A13
Mis ilusio - nes
     D     G/A       D7M
La luna que nos miraba
   G/A     D7M
Ya hacia ratito
            Am7
Se hizo un poquito
     D7     C    G7M
Desentendi - da
    D7     Bm7     Em
Y cuando la vi escondida
  A7            Em7
Me "arrodillé" pa besarte
         A7    Em9
Y asi entregarte
    A7      D
Toda mi vida.
```

```
    D     G/A      D7M
Amores habrás tenido
   G/A     D7M
Muchos amores
  G/A     D7M
Maria Bonita
     D°    Em  A7  F#m7  Em9
Maria del Al - ma
 A7               G/A
Pero minguno tan bueno
        Em7
Ni tan honrado
 A7         Em7
Como el que hiciste
 A5+       D   D/F#
Que en mi brota - ra
   D    G/A       D7M
Lo trago lleno de flores
   G/A       D7M
Como un oferenda
          Am7
Para dejarlo
    D7    G    G7M
Bajo tus plantas
    D7   Bm7    Em
Recibo emocionada
 A7             Em7
Y jurame que no mientes
         A7     Em
Porque te sientes
 A7   D
Idolatrada!
```

165

Babalú

Motivo Afro Cubano

Letra e Música de Margarita Lecuona

1.
2.
Am
Bm7
Em
Em7
Em
Em7
D9
7
G
C
D
D7
G
Em7
Am7
D7
G9
C
D
D9
G7M
C
D
6
G9
Em7
Am7
D7
Am7
D7
G
Em7
Am7
D7
1.
2.
G6
C
D
D7
G6
D7
G
D7
G
D7
G6
Em
C
D
G

```
TOM — MI MENOR
Em  B7  Em

Introdução: Em  Am7  Em7  Am7  B7
```

```
Em          Am7
   Babalú, Babalú
Em7
   Babalú, ayê,
Am7       B7
   Babalú, ayê.

Em          Am7      Am Am7
   Ta empesando el velorio
F#5-        B7       Em
   Que le hacemo Babalú?
Em7         Am7 Em
   Dame diecisiete velas
D7              Em
   Pa ponerle en cruz.
Am7                      F#m5-
   Dame un poco de tabaco Mayenye,
                    Em
   Y un jarrito de agua ardiente.
                 Am       Am
   Dame un poco de dinero Mayenye
     Am    Bm7   Em7  Em7 D79 G C/D D7
   Pa que me de la suerte.
    G    Em Am   D7        G
   Quiero pedir que mi negra me quiera
         D7    G7M
   Que tenga dinero
C/D           G69  Em
   Y que no se muera! Ay!
     Am7
   Yo quiero pedi
    D7
   Babalú
     Am7
   Una negra mui santa
       D7
   Como tu
          G         Em
   Que no tenga otro negro
Am7     D7    G
   Pa que no se fuera
       D7
   Babalú, ayê,
       G
   Babalú, ayê,
       D7
   Babalú, ayê,
       G
   Babalú, ayê
```

The Third Man

(O Terceiro Homem)

Música de Anton Karas

A7
Em5-
D4 D Dm7A7
Dm
G7
G7
G13
C
Dm7
G7
C
C6
C
C6
Dm7
G7
Dm7
G7
Dm7
G7
Dm7
G7
Dm
G7
C
Ab13
G7
C
C6

G7
G7 D7
G
C
G7
G7 D#º
Dm7
G7
C G7
Tempo I mais lento
C
G7
Dm7
G7 G5+
C6 A7
Dm7 G7
C
G7
Dm7
G G13
C

Granada

Letra e Música de Agustin Lara

© 1942 By P.I.C. 4 IRMÃOS VITALE S/A INDUSTRIA E COMERCIO.

173

174

175

TOM — RÉ MAIOR
D A7 D

Introdução: F# G F# Em F#

     Bm
Granada

Tierra soñada por mi

Mi cantar se vuelve gitano cuando es para ti
    F#
Mi cantar
      G F#
Hecho de fantazia
   F#
Mi cantar
    G
Flor de melancolia
         Em   F# Bm A G F# Bm A G F#
Que yo te vengo a dar.

Solo: A7 D E7 A A7

    D
Granada
      Em7   F#m7   Bm7   Em7   A7 Em7
Tierra ensangrentada en tardes de toros
A7   Em7   A7   Em   A7   D
Mujer que conserva el embrujo de los ojos moros
   D   Em   F#   Bm7   F#m7
De sueño rebelde y gitana cubierta de flores
  G#°   F#m/A
Y beso tu boca de grana
       G#°
Jugosa manzana
     C#9-   F#m7 F7 Em7 A7
Que me habla de amo - res

    D
Granada
     Em7   F#7   Bm7   Em7   A7 Em7 A7
Manola cantada en coplas preciosas
  Em7   A7   Em   A7   D
No tengo otra cosa que darte que un ramo de rosas
  D7   G
De rosas de suave fragrancia
 Gm6   D/F#
Que le dieran marco
   G   D
A la Virgen morena
 Gm/B6
Granada
    D
Tu tierra está llena
     A7   D Gm D
De lindas mujeres, de sangre y de sol.

Mambo Jambo

(Que rico el Mambo)

Música de Perez Prado
Versão Brasileira de Haroldo Barbosa

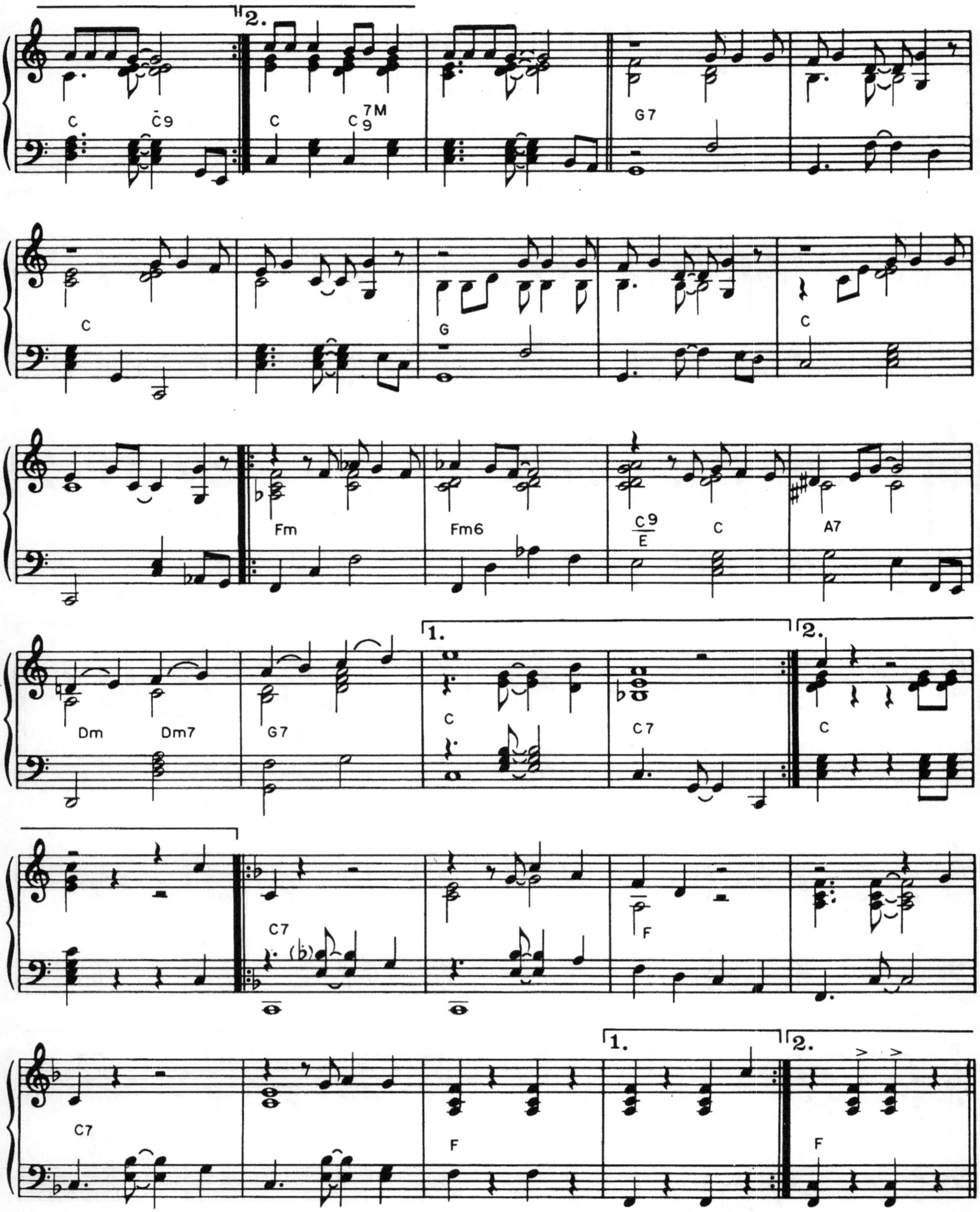
2.
C
C9
C
7M
C9
G7
C
G
C
Fm
Fm6
C9
E
C
A7
Dm
Dm7
G7
1.
C
C7
2.
C
C7
F
C7
1.
F
2.
F

TOM — DÓ MAIOR
C G7 C

Introdução: G7 Dm7 G7 Dm7 G7

```
    Dm7        G7     Dm   G7
    Quando eu sambo neste mambo
    C    C7M  C6   C    C7M  C6
    Mambo Jambo - Quando eu Sambo
    Dm7        G7     Dm   G7
    Quando eu sambo neste mambo
    C    C7M  C6   C    C7M  C6
    Mambo Jambo - Quando eu sambo.

    Dm7                   G7
    Faça como eu que já sei rumbear
    Dm7                       G7
    Faça como eu que já vou me acabar
    C     C7M    C6       C
    Mexa as cadeiras prá cá e prá lá
    C          C7M             C
    Não se incomode se o par se espantar
    Dm7              G7
    Essa é uma espécie de dança maluca
    Dm7             G7
    Que não dá bola prá gente caduca
    C            C7M  C6   C
    Faça como eu que já sei rumbear
    C       C7M             C
    Faça como eu que já vou me acabar.

G7
    Até parece samba
C
    Até parece rumba
G7
    Até parece conga
C
    Parece até macumba.
```

```
Fm              Fm6
    Depois que você se entrega
C9/E  C        A7
    Aí é que a coisa pega
    Dm   Dm7    G7        C  C7
    Prá ficar por conta do xangô
Fm             Fm6        C
    Se você não gosta disso
C 9/E              A7
    Não queira esse compromisso
    Dm       Dm7   G7      C
    Quando o Mambo avisa já chegou.

    Dm     G7
    Eu sou do Mambo Jambo
      Dm7      G7
    Você será também, bem, bem, bem,
    C   C7M    C
    Eu sou do Mambo Jambo,
    C     C7M    C6
    Que vem de longe, vem, vem, vem,

      C7              F
    O Mambo começa assim:
        C7           F
    E chega num doce fim
    Dm7              G7
    Quando o coração só quer calor
    Dm7          G7
    E quando termina o som
    C    C7M    C6
    Aí é que o Mambo é bom
    C    C7M       C6
    Eu e ele — Amor e muito amor.
```

Strangers in the night

Letra de Charles Singleton e Eddie Snyder

Música de Bert Kaempfert

TOM — FÁ MAIOR
F C7 F

Introdução: F C7 F

      F   Bb
Strangers in the night
           C9   F
Exchanging glances, wondring in the night
Gm79   C9   F   F7M
What were the chances we'd be sharing love
      Ab°   Gm
Before the night was through.
D7 Gm   Gm7   Gm
Something in your eyes   was so inviting
Gm7/C   Gm
Something in your smile was so exiting
C7   Gm9
Something in my heart
C9   F/A   F7M
Told me I must have you!

   Cm7   Am5-
Strangers in the night
D7   Am5-
Two lonely people we were
D7   Am5-
Strangers in the night
D9-
Up to this moment
       Gm7
When we said our first hello

Bbm
Little did you know
F   Dm9
Love was just a glance away
 Gm7   C7
I warm embracing dance away
F
And ever since that night
Bb/C
We've been together
F
Lovers at first night
Dm7
In love for ever
Gm
It turned out so right
C7   C9   F
For Strangers in the Night.

A Comme Amour

Arranjo fácil pelo processo de Acordes Arpejados

Paul Seneville e Olivier Toussaint

© 1978 By EDITIONS TREMPLIN & EDITIONS DELPHINE/SBK SONGS DO BRASIL EDIÇÕES MUS. LTDA.

183

Manhattan

Letra de Lorenz Hart

Música de Richard Rodgers

© 1935 By EDWARD B. MARKS MUSIC CORP/FERMATA DO BRASIL LTDA.

F 6 7 9
Bb7M Am7 Gm7 C9-
F7M
Am5-
D7
Gm
Gm 4 7
Gm7 / C
C 9 7
Refrain
F 9 7M
D9
Gm9
C7
F7M
Bbll +
F / A
Ab°
Gm7
C7
C5+
F / A
Dm9
Gm7
C 9- 6
F 9 7M
D 7 9
Gm9
A5+
Dm9
C#°
Dm / C
G7

Bb
C
C7
Gm
C9
F7M
D7
Gm9
C 9- 7
F 7M 9
Bb 11+
F7M
A
Ab°
Gm9
C 7 9
Bb13
Am5-
D 7 9-
Gm7
Bbm6
F7M
C
Dm9
Bm5-
Bb7
B
F7M
D9
Gm9
C 9- 7
1.
2.
F
Ab7M
Gb 7M 9
Bb7M Am7Gm7
Gb 7M 9
F 7M 9

```
TOM — FÁ MAIOR
F  C7  F

Introdução: Gm  Bbm6  F7M  Dm7  Bm7  Am  D7  G79
                                      C
```

```
         F      B°    C/BbF/AAb°  Gm7  C9-/G   F7M9
Summer journeys to Ni - ag - ra
                     Bb7M  Am7 Gm7  C79   F7M/CA5+     Dm9
And to other pla - ces ag - gra - vate all our cares
Gm79           C9-  F7M  C4  C9-
We'll save our fares
     . E       B° C/Bb   Ab  Gm7  C9-/G   F67M9
I've a cozy   little  flat   in    what is know
     Bb7M Am7 Gm7  C9-
As old Manhattan
F7M          Am5- D7
We'll setle down
Gm         Gm47 Gm7/C
Right here in town.

F7M9              D9
We'll have Manhattan
Gm9              C7
The Bronx an Staten
   F7M   Bb11+ F
Island too
F7M9  Ab   Gm7         C7  C5+  F/A  Dm9  Gm7  C69
It's lovely going throught the zoo
         D79
It's very fancy
Gm9          C5+  Dm7        C#°
On old Delancey Streeet, you know,
       Dm/C        G7
The subway charms us so
         Bb/C     C7
When balmy breezes blow
Gm     C9
To and from
F7M          D7
And tell me what street
Gm7          C79-      F7M6  Bb11+
Compares with Mott Street in july
F7M/A   Ab°      Gm7  C7  Bb13  Am5-  D79-
Sweet push carts gently gliding by
            Gm7           Bbm6
The great big city's a wond'rous toy
       F7MC      Dm9   Bm5-
Just made for a girl and boy,
F7M           D9
We'll turn Manhattan
Gm9      C79-  F
Into an isle of joy.
```

Somewhere in time

Em algum lugar do passado

John Barry

189

Star Dust

Fox

Letra de Mitchell Parish

Música de Hoagy Carmichael

TOM — DÓ MAIOR
C G7 C

Introdução: C G7 C

       F7M   A7   Dm/F   Fm74 Bb7
Sometimes I wonder why I spend the lonely night dreaming of a song
  C   Am Em   A7 Dm   A7   Dm Fm6
The melody haunts my reverie, I'm once again with you
     G4   Dm   G7   G5+ C7M E7 C7M
When our love was now and each kiss an inspira - tion
  D7   Am7   D7
But that was long ago, now my consolation
 G7   Dm7   G7   C7
Is in the star dust of a song.
C5+ F7M A7   Dm   Fm74
Be— side a garden wall when stars are bright,
Bb7
You are in my arms,
  C   Am Em7   A9-
The nightin - gale tells his fairy tale
Dm   A7   Dm7
Of paradise where roses grew,
  Fm7   Fm6
Thó I dream in vain
   C7M   F7M   Em7 Am7
In my heart it will remain
   Dm7
My star dust melody
G7   C/G F7 F13 F11+ C7M
The memory of love's refrain.

Summertime

Letra de Du Bese Heyward

Música de George Gershwin

© 1935 By GERSHWIN PUB.CORP/WARNER § CHAPPELL EDIÇÕES MUSICAIS LTDA.

Am6 E7 Am6 E7 Am7 D7 C7M Am/C
Bm5- E9- Am Am/G F13 E5+/9- Am7 Am/G
3
F13 E5+ Am6 E7 Am6 E7 Am6 E7
Am6 E7 Am6 Dm Dm7 Cm7 F7 F13 B13 B5+
D/E E9- Bb7 Am6 E7 Am6 E7 Am6 E7

TOM — LÁ MENOR
Am E7 Am

Introdução: Dm7 Am Dm7 Am

         Am E7 Am
Summertime
      E7   Am E7 Am6
And the living is ea - sy
Am7   Dm7   Cm9
Fish are jumping
F13   E47. E7 Bm5- E5+
And the cotton is righ.

       Am6   E7 Am6
Oh! Your daddy is rich
      E7   Am E7 Am6 D7
And your "MA" is good loo - king
  C7M   Am
So rush little baby
Bm5- E9- Am   Am6 F13 E5+9 Am7 Am/G
Don't you cry.

F13 E5+   Am6   E7 Am6
One of these mornings
         E7   Am6 E7 Am6
You going to rise up sin - ging
 E7 Am6 Dm   Dm7 Cm7
Then you'll spread your wings
E9-   F7   B13 B5+ D/E
And you'll take the sky.

E9-   Bb7   Am6 E7
But till that morning
Am6   E7   Am6 E7 Am7
There's a nothing can harm you
G13   C   Am7
With Daddy and Mammy
  D   E7 Am D9 F7M E4 Am49
Stand - ing by.

Only You

Slowly

Musica e Letra de Buck Ram e Ande Rand

© 1954 By ROBERTO MELLIN/LTD/EMI MUSIC PUB./EMI ODEON F.I.E. (DIV. ITAIPU)

F#o
B7
Em
A9
Em7
Dm7
G7
Abo
G13
G5+
C7M
Cm6
G 7M 9
G/B
F7
E 9 7
E9-
A7
Para Coda
D7
G9
D5+
G7M
G6
G7M
G6
F#m7
B7
F#o
B7
Em
B7
Em7
A9
Em9
Am7
Ao e
Coda
D 9 7
G 6 9
C7M
G 7M 9
Em7

TOM — SOL MAIOR
G D7 G

Introdução: *G D7 G*

   G7M C7M G7M
Only you
  C7M   F#m5- B7 F#° B7
Can make this world seem right
   Em5- A7
Only you
Em7   Dm7 G7 Ab° G13
Can make the darkness bright
  C7M Am7 D7
Only you and you alone
   G7M B7   Em A7
Can thrill me like you do
   Em Em9
And fill my heart
   A7 A13 Am7 Eb79
With love for only you.

  D7 D13 G7M C7M G7M
Only you
   G69 F#m5- B7 F#° B7
Can make this change in me
    Em A7 Em7 Dm7 G7 Ab°
For it's true you are my destiny
 G13   *G5+ C7M*
When you hold my hand
  Cm6   *G7M9*   *E79*
I understand the magic that you do
    E7 A7
You're my dream come true
   D7   *G9 D5+*
My one and only you.

Spoken:
  G7M G6 G7M G6
Only you
   G6   *F#m7* *B7 F#*
Can make this world seem right
B7 *Em B7 Em*
Only you
   A7   *Em9*   *Em7*
Can make my darkness bright.

Sung:
Am7 *D79*
Only you
        G69 C7M Em9
My one and only you
  G7M B A13
Only you, only you,
C/D G9 F9 E9
Only you only you
F9- A7 C/D
Only you only you
G9 A9 C/D G9 F9
Only you only you
E9-
Only you, etc.

The Shadow of your smile

(À sombra do seu sorriso)

Letra de Paul Francis Webster

Música de Johnny Mandel

© 1965 By METRO GOLDWYN MAYER INC/SBK SONGS DO BRASIL EDIÇÕES MUSICAIS LTDA.

TOM — SOL MAIOR
G D7 G

Introdução: *G D7 G*

                F#m7
The shadow of your smile
    B7   *Em7 A7*
When you are gone
             Am7
Will color all my dreams
  D7   *G5+*   *C7M*
And light the dawn,

           F#m7   *B7/F#*
Looking into my eyes my love
               C#m7
And see all the lovely things
  F#7 *F#m7* *B7*
You are to me.

          F#m7
Our wistiful little star
  B7   *Em7 A9*
Was far too high
              Am7
A teardrop kissed your lips
  C/D *Bm5-7*
And so did I

 E9   *Am7*   *Cm7*
Now when I remember spring
       Bm7   *F7* *D/C*
All the joy that love can bring
E79   *A7*   *A5+*
I will be remembering

Am7   *D47 D7 G69 Cm911 G7M9*
The shadow of your smile.

Ai, Mouraria

Letra de A. Do Vale

Música de Frederico Valerio

© 1950 By FREDERICO VALERIO/MUSICA DEL SUR/IRMÃOS VITALE S/A. IND. COM.

201

TOM — DÓ MENOR
Cm G7 Cm

Introdução: *C Am D7 G7 C*

       Ab7   Dm7G7   Cm
Ai, Mouraria, travessas, ruas antigas,
     Bb7 Fm7   Bb7   Eb
Melancolia, faias, pregões e cantigas,
G7   Cm   Fm
Velhos fadistas de braço dado,
       G7   Dm5- G7   Gm
Bravos toureiros com marinheiros   cantando o fado.

     Fm/Ab Dm5-   G7   Cm
Saias rodadas, capelas, velhos solares,
      Bb7   Eb   Dm5-
Pratas douradas em jaquetões de alamares.
G7   Cm   Fm
Nichos de santos eu sei lá quantos há p'las esquinas,
    Cm   G7   C   G4 C
Casas caidas, luzes coadas pelas cortinas.

    G7 Dm7   G   C
Ai, Mouraria, dos rouxinois nos beirais,
                     E   F   C G C
Dos vestidos cor de rosa, dos pregões tradicionais,
    G7   C
Ai, Mouraria, das procissões a passar
               D7   G7   C
E a Severa em voz maviosa na guitarra a soluçar!

Song for Anna

Canção para Anna

André Popp e Jean Claude Massoulier

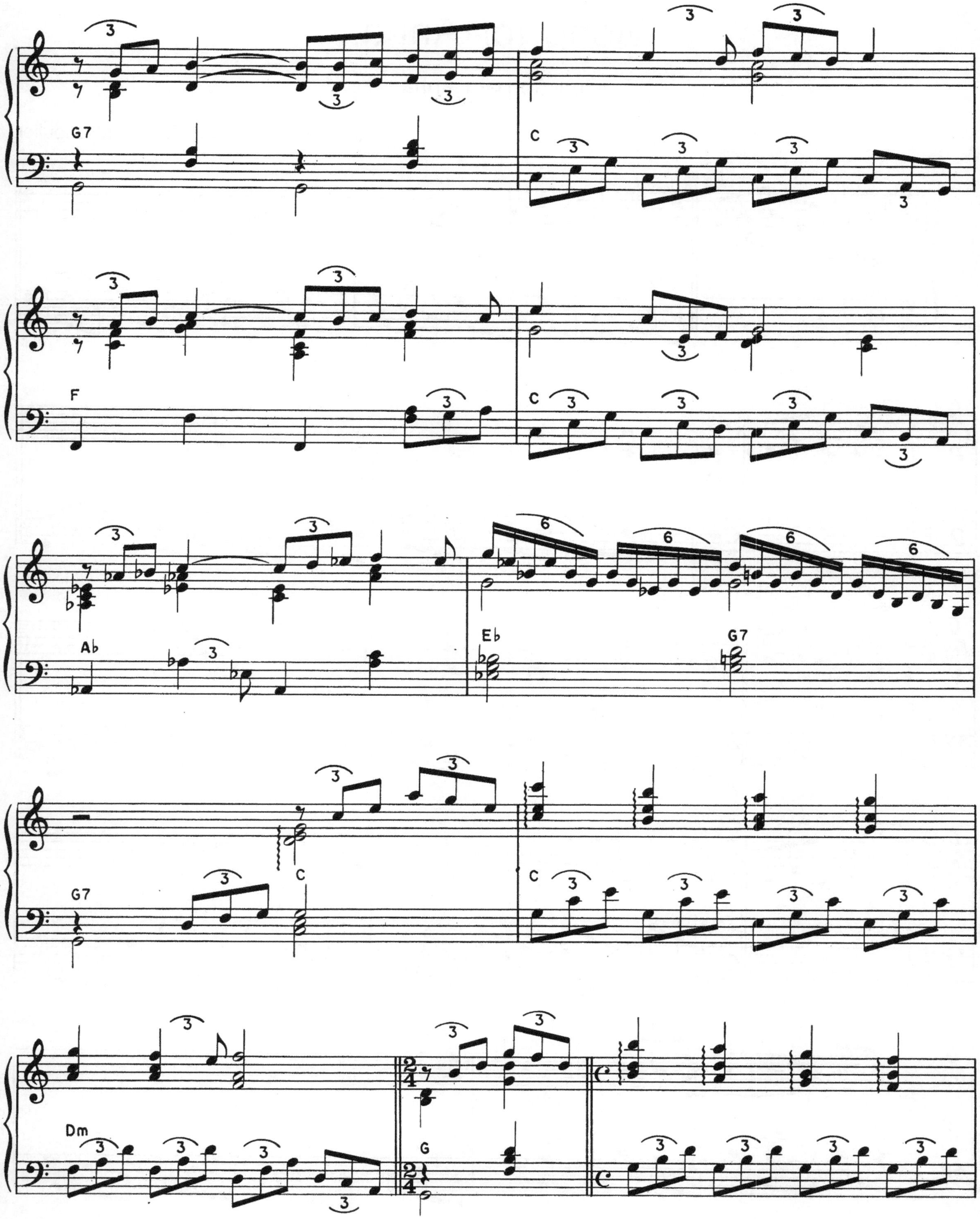
G7
C
F
C
Ab
Eb
G7
G7
C
C
Dm
G

205

I'm in the mood for love

(É meu destino amar)

Musica de Jimmy McHugh e Dorothy Fields

TOM — DÓ Maior
C G7 C

Introdução: Em7 A5+ Dm7 G7 C G13

C7M   Am7   Dm Dm/F
I'm in the mood for love

F/G   G13   G13   C   F13
Simply because you're near me

Em7   A13   A13 Dm7 A5+
Funny, but when you're near me

Dm9   G7   Em7 Eb7 Dm7 Db7
I'm in the mood for love

C7M   Am7   Ab11+
Heaven is in your eyes

F/G   G7   G13- C9   F13 F7
Bright as the stars were under

Dm7   A13 A5+ Dm9 Dm7
Oh! Is it any wonder

Dm7/G   G7   C
I'm in the mood for love?

Ab11+   G7
Why stop to think of whether

F/G   G7   F7   Em7 Am7
This little dream night fade?

F#m5-   B7   Em7
We're put our hearts together

Am   D7
Now we are one

Dm7   G11+
I'm not afraid

C7M   Am7   Dm Dm/F
If there's a cloud above

C7M   G13 G13- C9   F13
If it should rain whe'll let it.

Em7   A13   A13-Dm7 A5+
But for tonight, forget it!

Em7   G13   Cb9 C6
I'm in the mood for love.

All of me

Descansa, coração
Slow

Música e Letra de Seimour Simons e Gerald Marks

209

TOM — Sib MAIOR
Bb F7 Bb

Introdução: C   A°   Bb   A   Gb   F7
              Bb   Ab

Bb   Ab7 Bb7M   Am5-   D7 Am5- D7
All of me what not take all of me

G4   G7
Can't you see

*   Cm9   Gm9*
I'm no good with out you

Am7   D7
Take my lips

*   Gm   D7*
I want to lose them

Bb/C   C7
Take my arms

* C9   Cm Cm/Eb F7*
I'll never use them

* Bb   Bb69   Cm7   Am7   Am5- D7*
Your good by   left me with eyes that cry

Dm   G7   Dm7 Cm Cm G9
How can I go on dear with out you

Cm   Ebm6   Dm7   G7
You take the part that once was my heart,

*   Cm7   Eb/F   Bb69 Ab7M9 Bb7M*
So why not take all of me.

Vaya con Dios

Letra e Música de
Larry Russel, Inez James e Buddy Pepper

G7
C
F7M
C/E
Am7
Dm7
G7
Dm7/G
G7
C
mf
Gm7
C7
F
F7M
D7
G7
C7
F
Dm7
Am7
D7
D9
G
D/F#
Em9
Em7
Am7
D7
Dm7
G7
C
A7
Dm7
G7
Dm7
G7

TOM — DÓ MAIOR
C G7 C

Introdução: *C F G4 G7*
               G G

     C   *Dm*   *G7*
Se llegó el momento ya de separarmos
     Dm7   *G7*   *C*   *G7*
Y en silencio el corazón dice en suspiros
C/E   *Am7*   *Dm7* *G7*
Vaya con Diós, mi vida,
Dm7   *G7*   *Gm/Bb* *A7* *Ab13*
Vaya con Diós, mi amor.

G7   *C*   *A7*   *Dm* *G7*
Las campanas de la iglesia suenan tristes
     Dm7   *C7*   *C*   *F7M*
Y parece que al sonar también te dicen
C/E   *Am7*   *Dm7* *G7*
Vaya con Diós, mi vida,
Dm7   *G7*   *C*
Vaya con Diós, mi amor.

Gm7   *C7*   *F*   *F7M*
Adonde tu vayas   yo voy contigo
        G7   *C7*   *F* *Dm7*
Y en sueños junto a ti yo vivi - ré
 Am7   *D7*   *C* *D/F#* *Em9*
Mi voz escucharás dulce amor mio
 Am7   *D7*   *Dm7*   *G7*
Diciendo lo que sufro por tu amor, mi corazón

        C   *A7*   *Dm7*
La alvorada al despertar feliz te espera
    Dm7   *G7*   *C* *F7M*
Si en tu corazón yo voy adonde quieras
C/E   *Am7*   *Dm7* *G7*
Vaya con Diós, mi vida
Dm7   *G7*   *C* *Fm9* *Fm6* *C7M*
Vaya con Diós, mi amor.

My Way

(Comme d'Habitude)

Letra de Paul Anka

Jacques Révaux, Claude François e Gilles Thibault

© 1967/1968 By SOCIETE LES NOUVELLES EDITIONS EDDIE BARCLAY ET JEUNE MUSIQUE WARNER § CHAPPELL EDIÇÕES MUSICAIS. LTDA.

215

G 7/9
C
C 7M/9
C 7/9
F
Fm6
C/G
G4
G7
D/F♯
Fm6
C
F/C
C 7M/9
C9
F
F7M
Dm7
G7
Em7
E9-
Am7
Dm7
G7
D/F♯
Fm6
C 6/9

```
TOM — DÓ MAIOR
C  G7  C

Introdução: C7M  F   C7M9  F7M  G4  G7
                  C         C
```

     C7M   Em7
And now the end is near
    Gm/Bb   A7
And so I face the final curtain
  Dm   Bb/D
My friend I'll say it clear
      G7/D   C
I'LL state my case of which I'm certain
    C7M   Gm7
I've lived a life that's full
     F   Fm7
I've traveled each and every highway
   C/G   G4
And more, much more than this
G7   D/F#Fm6 C   G4 .G7
I did it my   way.

    C7M   Em7
Regrets, I've had a few
   Gm/Bb   A7
But then again too few to mention
 Dm   Bb/D
I did what I had to do
     G7/D   C
And saw it throught without exemption
 C7M/G   Gm7
I planned each chartered course
     F   Fm7   Fm6
Each careful step along the byway
   C/G   G4
And more, much more than this
G7   D/F#Fm6 C
I did it my   way.

    C9   C9
Yes, there were times I'm sure you knew
  F7M
When I bit off

More than I could chew
     Dm7
But through it all
        G7
When there was doubt
   Em E9   Am7
I ate it up and spit it out
    Dm7   G7
I faced it all and I stood tall
   D/F#Fm6 C69
And did it my   way.

  C   Em7
I've loved I've laughed and cried
  Gm/Bb   A7
I've had my fill my share of losing
 Dm   Dm5+
And now as tears subside
  G7   C
I find it all so amusing
  C7M   C7
To think I did all that
    F   Fm6
And may I say "not in a shy way"
  C   G4
Oh no, oh no, not me
G7   D/F#Fm6   C
I did it my   way.

    C7M
For wat is a man
   C9
What has he got
   F   F7M
It not himself then he has not
  Dm7   G7
To say the things he truly fells
  Em7   Am7
And not the words of one who kneels
  Dm7
The record shows
   G7
I took the blows
   D/F#Fm6 C69
And did it my   way.

Perfídia

Letra e Música de Alberto Dominguez

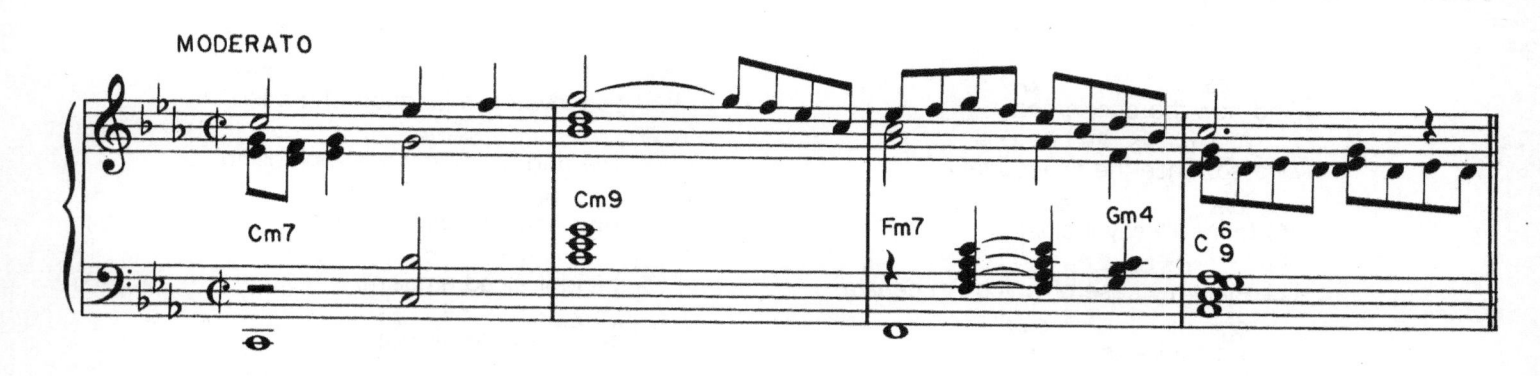

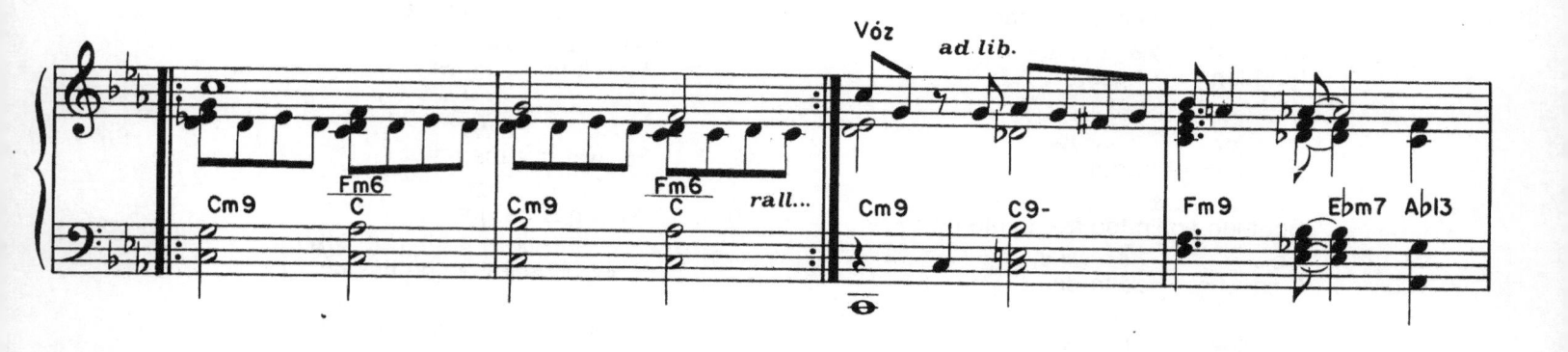

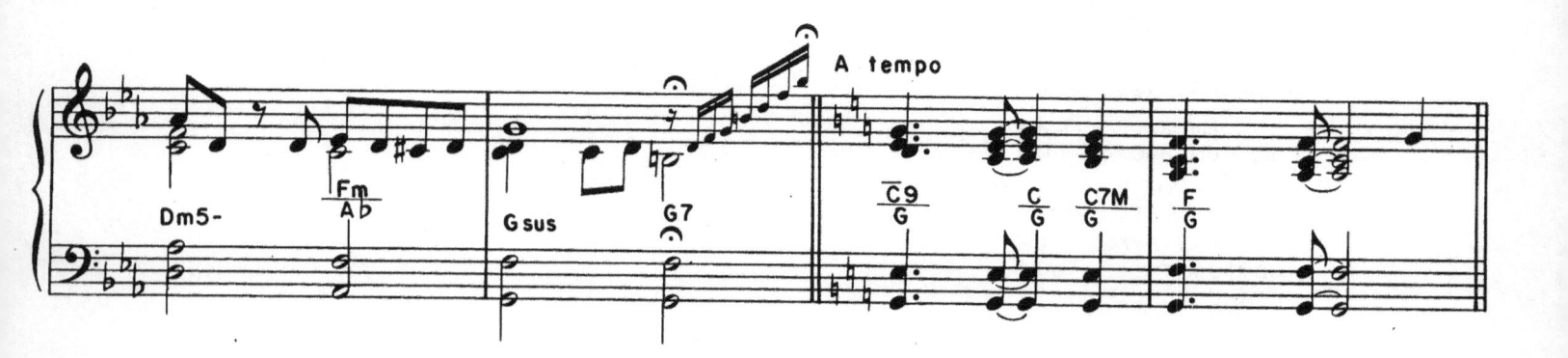

C9
Am7
Dm7
G7
C 6 9
Am7
Dm7
G7
C 6 9
Am
Dm9
F13
E4
Am7
1.
G4
G7
2.
Em5-
A7
Dm7
A7 C♯
F7
E7
Bm5-
E7
Dm
F 7 9
F13
E7
Am7
Dm7
G7
C 6 9
Am7
Dm7
G7
C 6 9
Am7
Dm7
G7

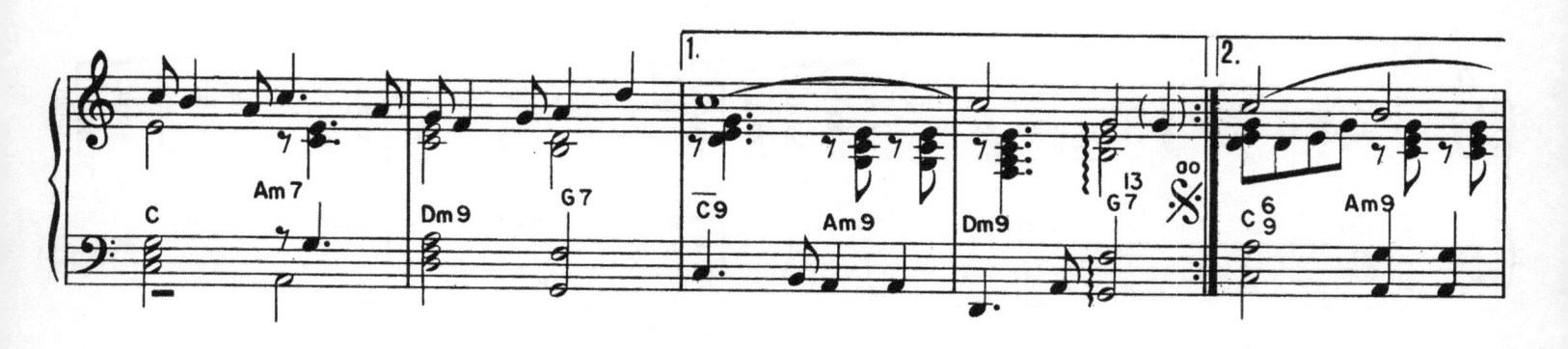

TOM — TOM — DÓ MAIOR

Cm G7 Cm

Introdução: *Cm7 Cm9 Gm4 C69 Fm6 Cm9 Fm6*

Cm9   C9 –   Fm9 Ebm7 Ab13
Nadie comprende lo que sufro yo

Dm5-   G7   Cm7
Canto pues ya no puedo sollozar

Cm7   C9-   Fm7
Solo temblando de ansiedad estoy

Dm5- Fm/Ab   G4
Todos me miran y se van.

Orquestra, a tempo:

C̄9/G C/G C7M/G F/G

  C̄9
Mujer,

 G7   C69   Am7 Dm7
Si puedes tu con Dios hablar

 G7   C69
Perguntale si yo alguna vez

Am   Dm9   F13 E
Te he dejado de adorar.

       Dm7   A7
Te he buscado donde quiera que yo voy

  F7   E7 Bm5- E7
Y no te puedo hallar

        Dm
Para que quiero otros besos

  F79   F13   E7 Am7 Dm7 G7
Si tus labios no me quieren ya besar.

C69 Am7 Dm7
Y tu

 G7   C69   Am7
Quien sabe por donde andarás

 G7   C   Am7
Quien sabe que a ventura tendrás

 Dm7 G7   C9 Am7 Dm9 G7 C
Que lejos estás de mi.

Night and Day

Letra e Música de Cole Porter

Eb7M Cm7 B9 7M Bb7 13 Eb7M Ab11+
Eb7M Cm7 Am7 5- Abm7 Gm7 Gbo Ab
Em7 Bb7 4 Bb13 Eb9 6 Eb7M 9 Gb7M Abm7
Bbm7 Bb11+ Eb7M Ab13 Eb7M Gb7M Abm7
Bbm7 Bb7 Eb7M Ab13 Eb7M Cm7 Am7 5-
Abm7 Gm7 F7 Fm9

223

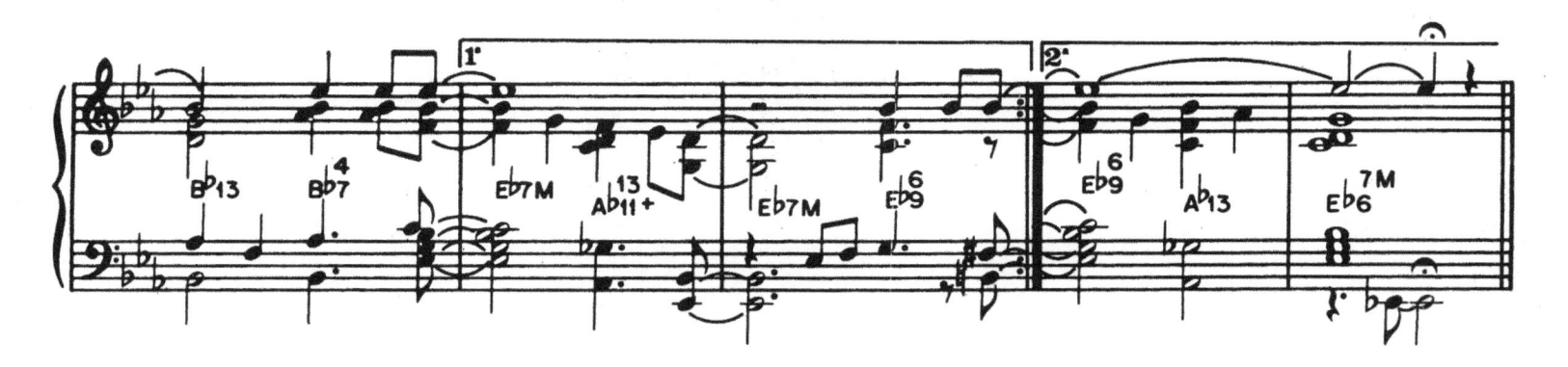

```
TOM — MÍb MAIOR
Eb  Bb7  Eb

Introdução: Eb  Bb7  Eb
```

     C79   *B7M B11+*   *Bb5+ Eb7M Eb6*
Night and day,   you are the one

       Fm9   *Bb7*   *Ab/Bb*   *Eb7M Ab11+ Ab7*
Only you, beneath the moon and under the sun.

Eb6   *Am5-7*   *Abm7*
Whether near to me or far

     Gm7   *F7*
It's no matter darling, where you are

 Fm7 *Bb74 Bb137*
I think of you

      Eb6 Eb7M/9
Night and day

     Abm7 Abm6 Ab/Bb
Day and night

Bb11+   *Eb7M Ab11+ Eb7M*
Why is it so

Cm7   *B7M9*
That this longing for you

Bb137   *Eb7M Ab11+ Eb7M*
Follows wherever I go?

Cm7 *Am5-7*   *Abm7*
In the roaring traffic's boom

    Gm7   *Gb°* *Ab*
In the silence of my lonely room

 Fm7 *Bb7* *Bb13*
I think of you

     Eb69 *Eb7M*
Night and day

    Gb7M *Abm7* *Bbm7*
Night and day

    Eb7M *Ab13* *Eb7M*
Under the hide of me

    Gb7M *Abm7* *Bbm7*
There's an Oh. such a hungry yearning

Bb7   *Eb7M Ab13 Eb7M*
Burning inside me

   Am5-7   *Abm7*
And it's torment won't be through

   Gm7   *F7*
Til you let me spend my life

    Fm9
Making love to you

   Bb13
Night and day

Bb47   *Eb69 Ab13 Eb76*
Night and day.

Love Letters

Letra de Edward Hayman

Música de Victor Young

9-
D13
Refrão
G7M
G9
Em
Em7
Am7
C
D
D7
G
Bm7
F♯7
Bm5-
E9-
Am
E9-
Am
Am7
Cm6
D7
G7M
G9
Em
Am7
D7
G7M
Dm7
G13
9-
G7

TOM — RÉ MAIOR
D A7 D

Introdução: D7M G7M F#m9 Bm7 Em G
                                          A

              D D/C#   Bm7   Bm9
The sky may be starless

            G7M/5+ Em9 F#4
The night may be moonless

F#7 Bm74   Em7   A47 A9-
But deep in my heart there's a glow

       Bm7   C/D D9-
For deep in my heart

  G7M   Gm6
I know that you love me

          D74 Bm7 6/A A7   D D9-13
You love me because you told me so.

G7M   G9   Em Am7
Love letters straight from your heart

          C/D D7   G
Keep us so near while a part

Bm7   F#7   Bm5- E9-
I'm not alone in the night

Am   E9-   Am Cm6
When I can have all the love you write.

G7M   Ḡ9
I memorize every line

Am   D7
I kiss the name

       G7M Dm7 G13 C79-
That you sign
And darling

Cm   G   C9   Bm7 E9- Am9 Am6
Then I read again right from the start

      C/D D7   G Bb°5+ Am7 D79
Love letters straitht from your heart.

(Para terminar)

      C/D D7   Eb Ḡ9
Love letters straight from your heart.

Somewhere, my love
Tema de Lara

Letra de Paul Francis Webster

Música de Maurice Jarre

G G7 C G/B C7 G
B♭ B♭7M B♭6/9 F7M E♭9 C/D D7 G7M D7
G7M Bm7 B♭° Am7 E9- Am7 D7
Am7 D7 G7M Am D7/F# G7M Bm7
Am7 D7 Am7 D7
1. Am7 D7
G D13
2. Am7 D7 D9 G C7M G7M

TOM — SOL Maior
G D7 G

Introdução: *D7 D9- A7 D7*
A

Gm   D4 D7
Where are the beautifull days?

Cm9
Where are the sleighrides'til dawn?

Dm5-   G7   Cm   Cm/Bb
Where are the tender moments of splendor?

G7   Am7   D7
Where have they gone? Where have they gone?

G7M   G
Somewhere, my love

Bm7   Am7 D7
There will be songs to sing

Am7   D7
Although the snow

Am7.   D7   G7M D13
Covers the hope of spring.

G7M   D7
Somewhere

 G Bm7   Am D7
A hill blossoms in green and gold

Am7   D7
And there are dreams

Am7   D7   G
All that your heart can hold.

 C
Someday

        G C7 G
We'll meet again, my love

Bb   Bb7M
Someday

          F7M   Eb9   C/D   D7
Whenever the spring breaks through

  G7M D7   G
You'll come to me

Bm7   Bb° Am7 E9-
Out of the long ago

Am7   D7
Warm as the wind

       D7   G
Soft as the kiss of snow.

G7M
Till then my sweet

Bm7   Am D7
Think of me now and then

Am7   D7
God-speed my love

Am7   D7   G
Till you are mine again.

A Canção de Moulin Rouge

(The song of Moulin Rouge)

Letra de William Engivick

Música de George Auric

TOM — FÁ MAIOR
F G7 F

Introdução: **F7M   Bb   F7M   C9**
                             C

    F   *Am7*   *G7* *Gm*
Whenever we kiss, I worry and wonder
C7 *Gm*   *C4* *C7*
Your lips may be near, but where is your heart?
C7 *F*   *Am7* *F/G* *G7* *C7*
It's always like this, I worry and wonder...
  Gm7   *C4*   *C7*   *F*
You're close to me here but, where is your heart?
  Bb/C   *F/C*
It's a sad thing to realize
      Em5-   *A7* *Dm*
That you have a heart that never meltz.

     F/G   *G7*   *C*
When you kiss, do you close your eyes,
Am Dm   *G7*   *Gm Gm7*
Pretending that I'm someone else?
C7   *Am*
You must break the spell
  Dm   *G7 C7*
This cloud that I'm under
  Gm   *C7*
So please won't you tell darling
Gm7 *C79*   *Bb7M Am7 Gm7 F7M*
Where is your heart?

Limelight

Luzes da Ribalta

Letra de Geofrey Parsons

Música de Charles Chaplin

© 1953 By BOURNE INC § FERMATA DO BRASIL LTDA.

TOM — Sib MAIOR
Bb F7 Bb

Introdução: Bb Eb F7 Cm7 F9

    Bb   Eb6
I'll beloving you eternally
Cm7 F7   Eb/F   Bb69
With a love that's true, eternally,
Eb/F Bb7M
From the start, within my heart,
         Eb   F7
It seems I've always know
         Cm7
The sun would shine
    F5+   Bb7M Dm7 Gm7
You're mine and mine alone

 9-
C7 Bb9   Bb7M   Eb6 Cm7
I'll beloving you eternally
F79   F9
There'll be no one new
         Bb Gm7 Eb7M Cm7 F13
My dear, for me
Bb7M
Tho, the sky should fall
  Bb   Eb   F7
Remember I shall always be
   Cm7   F7
Forever time and loving you
Eb7M F79- Bb
Eter - nal - ly.

Em Português:

Bb   Eb6
Vidas que se acabam a sorrir
Cm7 F7   Eb/F   Bb69
Luzes que se apagam nada mais
Bb7M
É sonhar em vão
         Eb F7
Tentar aos outros iludir
       Cm7
Se o que se foi
    F5+   Bb7M Dm7 Gm7
Prá nós não voltará jamais
Bb9   Bb7M   Eb6 Cm7 Eb7M
Para que chorar o que passou
F79   F9   Bb Gm7
Lamentar perdidas ilusões
Bb7M   Eb   F7
Se o ideal que sempre nos acalentou
   Cm7   F7   Eb7M9
Renascerá em outros corações...

The man I love

Canção

Música de George Gershwin   Letra de Ira Gershwin

© 1924 By New WORLD MUSIC CORP/WARNER § CHAPPELL EDIÇÕES MUSICAIS LTDA.

TOM — Mlb MAIOR
Eb Bb7 Eb

Introdução: Eb Ab Ab7M Bb7 Eb69

Eb7M *Eb* *Eb7*
 Someday he'll come along
Ebm7
 The man I love
Bbm9 *Bb/Db*
 And he'll be big and strong
C7
 The man I love
Fm5-7
 And when he comes my way
Ab/Gb *Bb/13* *Eb7M6* *Cb7* *Ab/Bb*
 I'll do my best to make him stay.

Eb7M *Eb7*
 He'll look at me and smile
Ebm7
 I'll understand
Bbm79 *Bbm/Db*
 And in a little while
C5-7 *C7*
 He'll take my hand
Fm5-7
 And though it seems absurd
Bb79 *Bb13* *Eb Ab7M Eb Dm7 G7*
 I know we both won't say a word.

Cm *Cm9/Bb*
 Maybe I shall meet him
D7/A *G5+* *Cm7* *Cm5+* *D9 D9-*
 Sunday, maybe Monday, maybe not.
G9- *Cm* *Cm79* *D7*
 Still I'm sure to meet him one day
G5+ *Cm* *C9-* *Fm* *Bb79*
 Maybe Tuesday will be my good news day
Eb *Eb7*
 He'll built little home
Ebm7
 Just meant for two
Bbm9
 From which I'll never roam
C5+9 *C7*
 Who whould, would you?
Abm7 *Fm5-*
 And so all else above
Bb7 *Fm7Bb7 Eb* *Bb7 Eb9 Eb7M*
 I'm waiting for the man I love.

This is my song

A Condessa de Hong Kong

Letra e Música de Charles Chaplin

TOM — FÁ MAIOR
F C7 F

Introdução: **F7M** **C9 –** **F7M** **C9 –**

    F   **C13**   **F7M**
Why is my heart so light?
Bb/C F7M   **Dm7**   **Gm7**
Why are the stars so bright?
D75+ Gm7   **C7**
Why is the sky so blue
          Gm7 C7   **F**
Since the hour I met you?

    F   **Gm7**
Alone I sing in moonlight
    C7   **F7M**
With you in my heart supreme
   Am5-   **D7**   **Gm**
To hear you say I love you
D7 **Gm7**   **C7**
That's is my hope, my dream.

Côro:

  F   **F7M**
Love, this is my song

Here is a song
         Gm
A serenade to you
   C7   **Gm**
The world cannot be wrong
   C7   **F**
If in the world there's you.

  F/A   **Gm7**
I care not what the world may say
C7   **F**
Without your love there is no day
C7 F69   **Am7**   **Gm7**
Love, this is my song, here is a song
     C7   **F**
A serenade to you.

I

   F   **C7**   **F7M6**
Flowers are smiling bright
Bb/C F7M   **Dm7**   **Gm7**
Smiling for our delight
D75+ Gm7   **C**
Smiling so tenderly
        Gm7 C7   **F**
For the world you and me.

  F   **Gm7**
I know why the world is smiling
C7   **F7M**
Smiling so tenderly
  Am5-   **D7**
It hears the same old story
D75+ Gm   **Bb7M C7**
Throught-out eternity,

Côro:

  F   **F7M**
Love, this is my song, etc.

Love is blue

(L'amour est bleau)

Letra Inglêsa de Bryan Blackburn

André Popp e Pierre Cour

© 1966 By SOCIETÉ NOUVELLE DES ÉDITIONS MUSICALES TUTTI § RADIO MUSIC INTERNATIONAL/WARNER § CHAPPELL ED. MUSICAIS LTDA.

B7 Em Am7 B7 E F#m7 E/G#
A E7M G#m7 G#m6 A6
B7 4 sus B7 E4 E7 Em A7 D7 G
Em C D7 G Em7 A7 D G
Em C 1. B7 Em F#m5- B7 2. B7 E F#m7 A/B E

```
TOM — MI MENOR
Em  B7  Em

Introdução: Em  C  D  Em  Em  C  D  G
```

```
Em      A7      D7      G
Blue, blue, my world is blue
Em       C7M     D       G
Blue is my world, now I'm without you
Em      A7      D7      G
Grey, grey, my life is grey
Em       C7M        B7      Em  Em7  F#m5-  B7
Cold is my heart, since you went away.

Em      A7      D7      G
Red, red, my eyes are red
Em       C7M             G
Crying for you, alone in my bed,
Em      A7      D7      G
Green, green my jealous heart
Em       C       B7      Am  Am7  B7
I doubted you and now we're apart.

E     F#m7    E/G#
When we met
        A          E7M
How the bright sun shone
G#m7   G#mb    A6
Then   love   died
           B47          E4   E7
Now the rainbow is gone.

Em      A7
Black, black
       D7       G
The nights I've known
Em            C
Longing for you
     B7       Em  F#m5-  B7
So lost and alone.

Em      A7
Gone, gone,
       D7       G
The love we knew
Em           C
Blue in my world
     B7      .  Em
Now I'm without you
Em      A7
Blue, blue,
       D7       G
My world is blue
  Em          C
Blue is my world
     B7           E  F#m7  A/B  E
Now I'm without You.
```

Michelle

John Lennon e Paul McCartney

Gm4/7 C4
Fm
Fm Fm9/E
Fm/E♭ Fm/D
D♭7M
C
F7
B♭m7
E♭
D°
C D°
C
Fm
E♭m7
D♭7M/9
Gm4 C4
Fm
Fm Fm9/E
Fm/E♭ Fm/D
D♭7M
C
F
B♭m7
Cm/E♭
B°

TOM — FÁ Maior
F C7 F

Introdução: Fm Fm Fm7 Fm6 Db7M C
                    C   F   E

    F   **Bbm**
Michelle

Ma belle
Cm/EB
These are words
  B°   **C/E**
That go together well
B°   **C/E**
My Michelle.
F   **Bbm7**
Michelle

Ma belle
Cm/EB
Sont les mots
  B°   **C/E**
Qui vont trés bien ensemble
B°   **C/E**
Trés bien ensemble.

  Fm
I love you, I love you, I love you,
Ebm7   **Db74**
That's all I want to say
Gm74   **G4**   **Fm**
Until I find a way
  Fm   **Fm9** **Fm/Eb**
I will say the only words
 Fm/D   **Fm/D**   **C**
I know that you'll understand.
  F   **Bbm**
Michelle...

     Fm
I need to, I need to, I need to,
Ebm7   **Db7M9**
I need to make you see
Gm47   **C4**   **Fm**
Oh what you mean to me
 Fm Fm9/E **Fm/Eb**
Until I do I'm hoping
Fm/D **Db7M**   **C**
You will know what I mean.

   Fm
I want you, I want you, I want you,
Ebm7   **Db7M9**
I think you know by now
Gm4   **C**   **Fm**
I'll get to you somehow
 Fm Fm/E **Fm/Eb Fm/D**
Until I do I'm telling you
  Db74   **C**
So you understand
F   **Bbm**
Michelle...

   Fm
And I will say
  Fm/E Fm
The only words
 Fm9/D
I know
  D67M9   **C**
That you'll understand
  Bb **Fm F Bbm Eb B° C B° C**
My Michelle.

In the mood

Letra de Andy Razaf

Música de Joe Garland

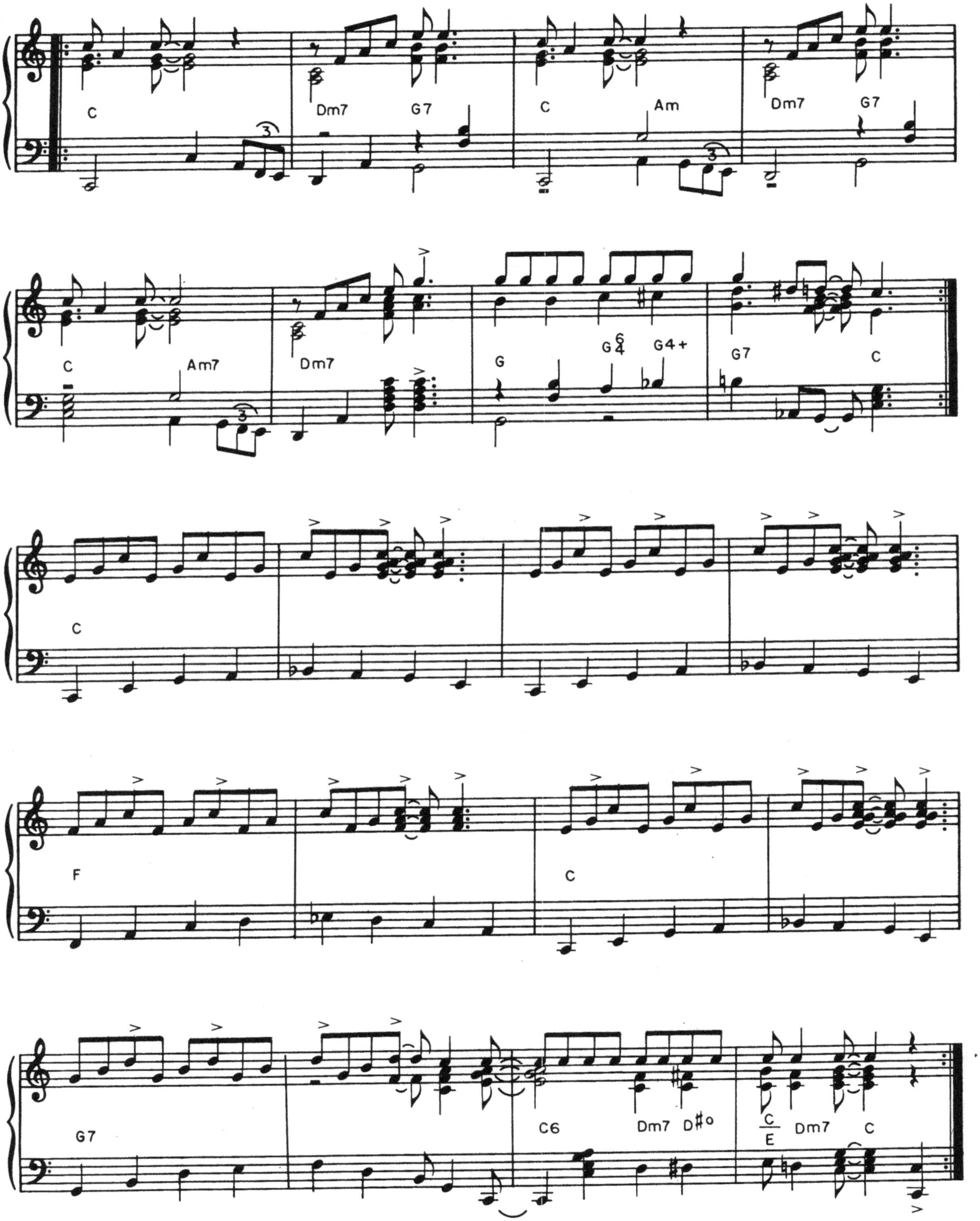
C Dm7 G7 C Am Dm7 G7
C Am7 Dm7 G G 6 4 G4+ G7 C
C
F C
G7 C6 Dm7 D#o C E Dm7 C

New York, New York

Letra de Fred Ebb

Música de Johnn Kander

Fm
C7M
F#m5-
B7
Em7
A7
Dm7
G4
C7M
F7M
C7M
Am7
Dm7
G13
C7M
Gm7
Gm9
C13
F7M
Fm7
Fm
C
E
A7
Dm7
Em7

F7M
G13
C
Dm7
Dm6
G7/4
G7
Ao 𝄋 e ⊕ Coda
⊕ Coda
Em7
A7
B♭m7
A♭7
Em tempo de Blue
D♭7M
G♭7M
D♭7M
B♭m7
E♭m7
G♭/A♭
E♭7
D7
D♭7M
A♭m7
D♭7M
G♭7M
G♭m7
G♭m6

TOM — DÓ MAIOR
C G7 C

Introdução: C G7 C

            C7m   *F7M*
Start spreadin' the news
C7M Am7   *Dm7*
I'm leaving today
G7   *C7M*
I wanna be a part of it
          Dm7 G4 7
New York New York.

      G7   *C74 F7M*
Those vagabond shoes
C7M Am7   *Dm7*
Are longing to stray
G13   *C7M*
And step around the heart of it
        Gm Gm7
New York New York.

C9 C7   *F*
I wanna wake up
    Fm   *C7M*
In the city that doesn't sleep
Fm5- *Em5-*   *A7*
To find I'm king of the hill
      Dm7 G4
Top of the heap.

     C7M F7M
My little tow
C7M *Am7*   *Dm G13*
Blues are melting away
C7M   *C7M*
I'll make a brand new start of it
     Gm Gm7
In old New York.

C13 *F7M* *Fm7*
If I can make it there
   Fm   *C/E A7*
I'd make it any where
     Dm7
It's up to you
Em *F7M G13* *C DmDm7*
New York New York.

C7   *F*
I Wanna wake up
   Fm   *C7M*
In the city that doesn't slleep
B7 *Em7*   *A7 A7*   *Dm7*
To find I'm king of the hill, head of the list
Bbm7   *Ab7*
Cream of the crop, at the top of the heap.

      Db7M Gb7M
My little town
Db7M *Bbm7* *Ebm7*
Blues are melting away
C7M *Eb7* *D7 Db7*
I'll make a brand new start of it
     Abm7
In old New York.

   Gb7M *Gbm7*
If I can make it there
  Gbm6   *Db/F*
I'd make it anywhere
  Bb7   *Ebm7*
Come on, come through
Db7M/F Ebm7 Ab/3 *Db* *Gb* *Db*
New York New York.

Moonlight Serenade

Letra de Mitchell Parish

Musica de Glenn Miller

© 1939/1965 By BOBBINS MUSIC CORP/SBK SONGS DO BRASIL EDIÇÕES MUSICAIS LTDA

TOM — FÁ Maior
F C7 F

Introdução: F C7 F

      F   Ab°
I stand at your gate
      Gm
And the song that I sing
    C   C°
Is of moonlight
    F   F7M
I stand and I wait
      F7   Cm/Eb
For the touch of your hand
    D7   C7
In the june night
    Am7 Dm7 Bbm7
The roses are sighing
Ab11+ Gm7   C13 C13- F7M C9
A moonlight serenade.

      F   Ab°
The stars are aglow
      Gm
And tonight how their light
    C   C9
Sets me dreaming
    F   F7M
My love do you know
      F7   Cm/Eb
That your eyes are like stars
    D79   C9
Brightly beaming?
   Am7   Dm Bbmb Ab11+
I bring you and sing you
   Gm7   C13 C13- F7M C9
A moonlight serenade.

Bb7M
Let us stray
   Bbm7
Till break of day
   Em7
In love's
  A7   C/D
Valley of dreams
C79 Bm5-
Just you and I
  E4   E7
A summer sky
  Am7   B7
A heavenly breeze
Gm   C9-
Kissing the trees.

  F7M   Ab
So don't let me wait
     Gm7   C7
Come to me tenderly
   C7   C9-
In the june night
  F   F7M
I stand at your gate
  F7   Cm/Eb
And sing you a song
  D7   C9
In the moonlight
Bb7 Am7   Dm7 Bbm
A love song my darling
Ab7 Gm   C13 C13- F Gm4 C7 F7M
A moonlight serenade.

Love Theme from Romeo and Juliet

Nino Rota

253

Chariots of Fire

(Carruagens de Fogo)

Vangelis

Em Dm7 C7M F
Em G7 C
Em F G7 F/G
C
Em7 Dm7 C7M G/F
Em7 G7 C
1.
Em F C7M F/G
C F/C
2.
Em7 F G7 F/G
C F/C
Ao
e Coda
C F/C
C F/C
C F/C
C F/C
C F/C
C F/C
C F/C F/G
C
Rallentando

Smile

Letra de J. Turner e G. Parsons

Música de Charles Chaplin

TOM — TOM - FÁ MAIOR
F C7 F

Introdução: *Bbm5- Bbm6 Am7 F Gm9 C9-13*

     F   F7M   Bb11   F7M9
Smile, tho' your heart is aching,

   F69 Bb7   F/A
Smile, even tho' it'is breaking

            Ab°   Gm
When there are clouds in the sky

     D7   Gm7
You bet by, if you smile

            D7   D4
Through your fear and sorrow

Gm7   Bbm6
Smile and maybe tomorrow

 F74   Dm7   G13   Gm7
You'll see the sun come shining thru for you

 F   Bb11   F
Light up your face with gladness

     Bb7   F
Hide every trace of sadness

     Ab°   Gm7   D7
Altho' a tear maybe ever so near

     Gm7   Am5- Cm10
That's the time you must keep on trying

 Gm   Bb6
Smile, what's the use of crying

  F7M   Dm7   G13
You'll find that life is still worth

     G7   C9 F C47 F7M9
While if you'll just Smi - le.

Sin ti

Bolero

Pepe Guizar

TOM — DÓ MAIOR
C G7 C

Introdução: *Dm Fm6 Fm C7M C69 D7 D9 G7 C9 Am7 Ab G713 C C7M G13*

    C9
Sin ti

    F7M   *Em7 C7M*
No podré vivir jamás

    F7M   *C7M Em5-*
Y pensar que nunca más

    A7   *Dm7 Em5- A7*
Estarás junto a mi.

    Dm Dm7
Sin ti

           Dm7
Qué me puede ya importar

G7   *Dm7 G7*
Si lo que me hace llorar

Dm7   *G5+*   *C Am7 G7*
Está lejos de aqui.

    C C7M G13
Sin ti

           C7M F7M
No hay clemencia ni dolor

           C7M C7
La esperanza de mi amor

           F Dm A7
Te la llevas al fin.

    Dm Dm7 Fm6
Sin ti

    Fm/Ab C7M
Es inutil vivir

    Am7   *D7 D9*
Como inútil será

G7   *C C7M Eb Db7 C7M*
El querer te olvidar.

Besame Mucho

Canción Bolero

Letra e Música de
Consuelo Velazquez

261

TOM — RÉ Maior
  Dm A7 Dm

Introdução: Dm Dm E7 Dm Gm6 Dm A7
                   C   B   F   D

Dm
Besame...
       Gm
Besame mucho
Gm   C°   Bb7
Como se fuera esta noche
   E°   Dm
La ultima vez
   D7   Gm Fm9 Bb7 Em5-
Besame, besame mucho
A7 Dm   E7
Que tengo miedo perderte
          Gm A7
Perderte después.

Dm
Besame.
       Gm
Besame mucho
Gm   C°   Bb7
Como se fuera esta noche
   E°   Dm
La ultima vez...
   D7   Gm Bb7 Em5-
Besame, besame mucho
Dm   E7
Que tengo miedo perderte
  A7   Dm
Perderte otra vez.

Dm
Besame...
       Gm
Besame mucho
Gm   C°   Bb7 Fm
Como se fuera esta noche
   F°   Dm
La ultima vez...
   D7   Gm
Besame, besame mucho
A7 Dm   E7
Que tengo miedo perderte
          Gm A7
Perderte después.
Gm   Dm
Quiero tenerte mui cerca
          E7
Mirarme en tus ojos
G°   Dm
Verte junto a mi
Gm   Dm
Piensa que talvez mañana
         E7
Yo ya estaré lejos
         Gm A7
Mui lejos de ti...

Dm
Besame...

Coimbra

Fado

Letra e Música de Raul Ferrão e José Galhardo

© 1952 By RAUL FERRÃO § JOSE GALHARDO/RIO MUSICAL LDA.

2.
G7 Dm7 G7 A♭7 G7 C/G C7M Dm7 G7
C6 F7M C9/6 Am7 Dm7 G7 Dm7 G7 Dm7 G7 Dm7 G7/9
C/G G4 G7 C9/6 F7M C7M Am7 G7
Dm7 G7 Dm7 G7 Dm7 G7 C A♭7 G7
Ao
e
D7/9 G13/9- C A♭7M C7M C7M

```
TOM — DÓ MAIOR
C  G7  C

Introdução: Am  A7  Dm7  G7  Gm7  Gm7  G7  Dm7  G79-  Cm  Cm7  Ab7  G4
```

       Cm   *Cm74*
Coimbra do choupal

Cm79   *F/C*
Ainda és capital

    Ab/C   *Cm7* *Fm/Ab*
Do amor em Portugal ainda

G   *Em*   *Em9*   *Ebm9*
Coimbra onde uma vez

Ab13   *Dm7*   *G7*
Com lágrimas se fez

      Ab7   *G7*   *Cm* *Cm7* *Ab7*
A história dessa Inês... tão linda!

G7   *Cm*   *Cm7M*
Coimbra das canções

    Cm79   *E/C*
Tão meiga que nos pões

   Ab/C   *Cm7*
Os nossos corações

Cm *Fm/Ab*
A   nu

G   *Em*   *Em9*   *Ebm9*
Coimbra dos doutores.

Ab/3   *Dm7*   *G7*
Prá nós os teus cantores

 Dm7 *G7*   *Ab7*
A fonte dos amores

G7   *C/G* *C7M* *Dm7* *G7*
És tu.

    C6   *F7M* *C69*
Coimbra é uma lição

Am7   *Dm7*   *G7* *Dm7*
De sonho e tradição

G7   *Dm7*   *G7*   *Dm7*
A lente é uma canção

G7   *C/G*   *G4*
E a lua a faculdade

G7 *Cb9*   *F7M*   *C7M*
O livro é uma mulher

Am7 *G7*   *Dm7*
Só passa quem souber

 G7   *Dm7*   *G7* *D7 G7*   *C* *Ab7* *G7*
E aprende-se a dizer: Saudade!

Ao princípio:

   Cm   *Cm7*
Coimbra do choupal, etc.

Dos Almas

Bolero

Don Fabian

TOM — SOL MENOR
Gm D7 Gm

Introdução: *Gm D7 Gm*

    Dm   *Gm*
Dos almas que en el mundo
Em5-   A7   Dm79 Dm/C
Habia unido Diós
               Bm5-   Gm/b6
Dos almas que sé ama - ban
Em5-A7   Dm Em5- Gm/A
Eso éramos tú y yo.
 Dm   *Gm/Bb*
Por la sangrante herida
A5+   Dm/F Em5-
De nuestro imenso amor,
Dm   *Gm/D*
Nos dábamos la vida
Em5-   A7   Dm
Como jamás se dió.

             Gm7
Un dia en el camino
   C9   *F*
Que cruzaban nuestras almas
                E4
Surgió una sombra de odio
 E7   *A7*
Que nos apartó a los dos,
              Gm/Bb
Y desde aquel instante,
A7   A5+   Dm7
Mejor fuera morir
       E4   E7
Ni cerca ni distan - te
A7   *Dm*
Podemos ya vivir.
Dm   *Bb7*
Ni cerca ni distante
A9-   *Dm Bb79 Am7 D*
Podemos ya vivir

História de un amor

Bolero

Letra e Música de Carlos Almaran

TOM — SOL MAIOR
Gm D7 Gm

Introdução: *D7 Eb D7 Gm*

                  Am5-   *D7*
Ya no estás más a mi lado corazón
             Gm7
En el alma solo tengo soledad
           F7
Y si yo no puedo verte
                 Eb7
Porqué Dios me hizo quererte
            C/D D7
Para hacerme sufrir mas.

Gm   *Gm7*   *Am5-*   *D7*
Siempre fuiste la razón de mi existir
         Gm7
Adorarte para mi fué religión
                F7
Y en tus besos yo encontraba el calor
       Eb7   *D7*   *Gm Gm7*
Que me brindaba el amor y la passión.

Gm   *Cm/Eb*   *D7*
Es la historia de un amor como no hay otro igual
      D9-   *Bb/F* *D/F* *Gm*
Que me hizo comprender todo el bien, todo el mal
        Cm7   *F7*   *Bb7M D4*
Que me dió luz a mi vida apagandola después
Gm   *Bbm7 Db/Eb* *Eb9* *D7*
Ay! que vida tan oscura sin tu amor no viviré.
Eb7   *D7 Eb D7 Gm Cm7 Gm*
Es la historia de un amor.

La Barca

Roberto Cantoral

271

```
TOM — DÓ MAIOR
C  G7  C

Introdução: C  G7  C
```

        C   Eb°   Dm7
Dicen que la distancia es el olvido
  G4   G7   C7MG13
Pero yo no concibo esa razón
Em7   Eb°   Dm7
Porque yo seguiré siendo el cautivo
Dm7   G7   C7M E9-
De los caprichos de tu corazón.

    F7   E7   Am
Supiste esclarecer mis pensamientos
   D7   D9   G4G7
Mediste la verdad que yo soñé
    Dm7   G7   Cm7   F7
Ahuyentaste de mi los sufrimientos
Cm7   F7   Bm4 E7
En la primeira noche que te amé

  F   F7M   Fm6
Hoy mi playa se viste de amargura
C/E   Em7 A13
Porque tu barca tiene que partir
Dm   G7
A cruzar otros mares de locura
Gm/Bb   Gm7   A4 A5+
Cuida que no naufrague tu viver

F7M   Fm6
Cuando la luz del sol se esté apagando
 Em7   A7
Y te sientas cansada de vagar
Dm7   G7
Piensa que yo por ti estaré esperando
Ab°   G7   C Ab7M C7M9
Hasta que tu decidas regressar.

Saint Louis Blues

(Tristezas de São Luiz)

Letra e Música de W. C. Handy

G
G7
C7
G
C7
G
G13
D7
G
Gm
Gm5+
Gm6
Gm7
A13
A7
Am5-
D7
Gm
E♭7
D4
D7
Gm
Gm5+
Gm6
Gm7
Em7
A7
Am5-
D7
Gm
A7

TOM — SOL MAIOR
G D7 G

Introdução: *Gm Gm5+ Gm6 Gm7 Al3 Al3- Am5- Gm A7 D7*

       C7   *G*
I hate too see the evening sun go down
     C7   *G*
Hate to see the evening' sun go down
D7   *G*
Cause my baby, he don't leave this town
G7   *C*   *G*
Feeling tomorrow like I feel today
D7   *D7*   *G*
T'll pack my trunk, make my get away
     G   *C#o D7*
St Louis woman, wear her diamond rings
D7   *Gm*
Pulls that man aroun', by her apron Strings
     Gm *Cm*   *C#°*
Wanted for powder and for store-bought hair
D7   *Gm A7 D7*
The man I love wouldn't go no where.

Chorus:

 G
Got the S't Louis Blues, just as blue as he can be
  C
That man got a heart, like a rock cast in the sea
G   *D7*   *G*
And else he wouldn't go so far from me.

Doggone it!

Over the Rainbow

Sobre o Arco Iris

Letra de E. Y. Harburg

Música de Harold Arlen

Gm7
E♭7
A♭7M
A7
Gm
A5+
A11+
A♭7M
A♭m6
E♭/B♭
Fm/B♭
B♭9-
E♭
B♭9- 13
Am5-
A♭7
Gm7
E♭7
A♭7M
A♭7
Gm7
A5+
A♭7M
A♭m6
E♭/B♭
C♭7
Fm/B♭
B♭9-
E♭
B♭13
E♭7M/B♭
A♭/B♭
E♭
Cm9
Fm 7 9
B♭13
E♭7M

Am5-
D7
Gm7
C13
C13-
Fm7
B♭9
E♭
A♭13
Gm7
E♭7
A♭7M
C
A♭7
Gm
E♭
G
A 11+
A♭7M
A♭m6
E♭7M
B♭
Fm
B♭
B♭9-
1.
E♭
B♭13
2.
E♭
B♭13
B♭7
Orq.
E♭
A♭
E♭
E♭
Fm
Voz
E♭7M
A♭
B♭
A♭7M
Fm9
E♭7M
9

```
TOM — Mlb Maior
Eb  Bb7  Eb

Introdução: Eb7M  Fm  Eb  Eb7M
```

<pre>
Eb   Ab
When all the world is a hopelless jumble
         Eb7M   Fm7   Bb7
And the rain-drops tumble all around
Eb   E° Fm7   Bb7   Eb
Heaven opens a magic lane
Eb   Ab
When all the clouds darken up the skyway
                      Dm7 G7
There's a rainbow high-way be found
Cm   Ab7   F7   Fm7 Bb7
Leading from your window pane
Eb   Ab/Bb
To a place behind the sun
Eb   Cm9   Fm/BBb9
Just a step beyond the rain

Eb   A11+
Somewhere
Gm   Eb7   Ab74   Gm A5+ A11+
Over the rainbow way up high

Ab7M   Abm   Eb/Bb
There's a   land
              Fm/Bb Bb7 Eb   A139
That I heard of once a lullaby

Am5-   Ab7
Somewhere
Gm7   Eb7   AB7M   Gm7 A5+
Over the rainbow skies are blue
Ab7M Abm7 Eb/Ab
And the dreams
              Cb7 Fm/Bb   Bb9-   Eb   Bb13
That you dare to really do come true

Eb7M
Someday
I'll wish upon a star
       Ab/Bb
And wake up
                      Eb   Cm7 Fm7 Bb13
Where the clouds are behing me
Eb7M
Where troubles melt
            Am5-
Like lemon drops
        D7
Away above the chimney tops
          Gm7   C13 Fm7 Bb13
That's where you'll find me
</pre>

<pre>
        Eb   Ab13   If
Somewhere
Gm7   Eb7   Ab7M   Gm7 A114   Eb7M
Over the rainbow blue birds fly   Happy little blue birds fly
Ab7M Abm7 Eb7M   Ab/Bb
Birds fly   over the rainbow   Beyond the rainbow
Fm/B6   Eb   Ab7M Fm9 Eb7M
Why then oh why cant'I?   Why oh why can'I?
</pre>

Singing in the rain

Cantando na Chuva

Letra de Arthur Fred

Música de Nacio Herb Brown

© 1929/1957 By METRO GOLDWYN MAYER INC/SBK SONGS DO BRASIL ED. MUS. LTDA.

G
C9
G
C9
G
B7/F♯
Em7
G♯°
Am7
D7
Am7
D7
Am7
D7
Am7
D7
G
(Fim)
E♭7
B♭m7
E♭7
G
E♭7
B♭m7
E♭7
G
Am7

281

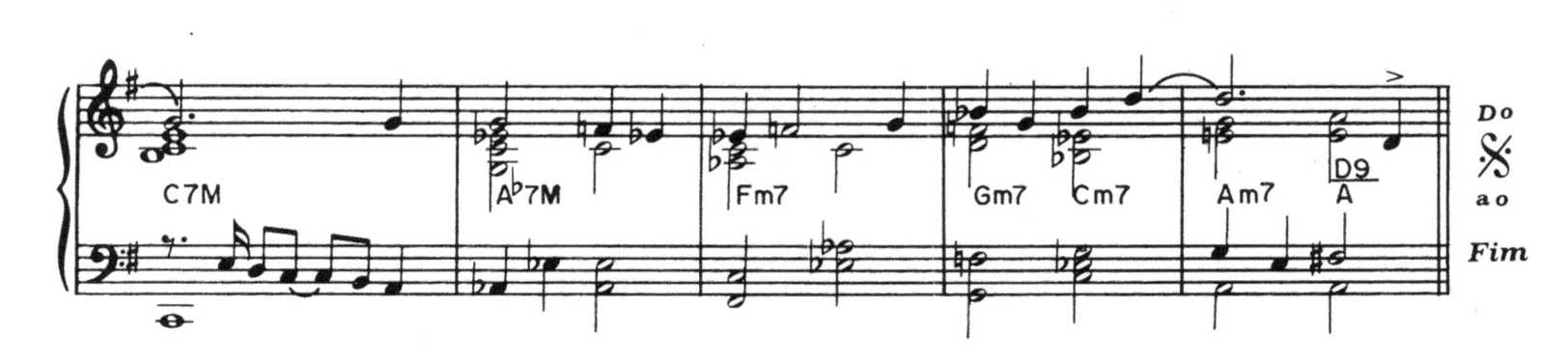

TOM — SOL MAIOR
G D7 G

Introdução: G Eb D7 G6 D7⁹
                         G   G

G7M   *C7*
I'm singing in the rain
G   *C7 9*
Just singing in the rain
G/B   *Em7*
What a glorious feeling
Am7   *D7*
I'm happy again
Am7   *D7*
I'm laughing at clouds
Am7   *D7*
So dark up above
Am7   *D7*
The sun's in my heart
G   *G7*
And I'm ready for love.

G   *C9*
Let the stormy clouds chase
G   *C9*
Every one from the place
G   *B7*   *Em7*
Come on with the rain
Am7   *D7*
I've a smile on my face
Am7   *D7*
I'll walk down the lane
Am7   *D7*
With a happy refrain
Am7
And singing
D7   *G*
Just singing in the rain.

Eb7 Bbm7 Eb7 G G
Why am I smiling and why do I sing?
Eb7 Bbm7 Eb7 G G
Why does December seem sunny as spring?
Am   *D7*   *G7M*   *Gb*
Why do I get up each morning to start
Bm7   *E7*   *A4*   *A7*
Happy and get up with joy in my heart?
Bb7   *Ab*   *C/G*   *C7M*
Why is each new task a trifle to do?
Ab7M   *Fm7*   *Gm7*   *Cm7*   *Am*   *D9 M*
Because I'm living a life full of you.

Solamente una vez

Fox-Bolero

Letra e Música de Agustin Lara

```
TOM — RÉ MENOR
Dm  A7  Dm

Introdução: Dm   Bb7   Dm9   Bb7   Em5-   Gm   Bb   Bb   Bb7   A9
                  D           D            Bb
```

         D7M G7M   F#m7   Em7 A7 F#m7
Solamente una vez   amé en la vi - da
       B7   Em7 A7   D7M A7
Solamente una vez   y nada más...
      D   D°   D   Bm7   Em7 A7 F#m7
Una vez nada más en mi huerto brilló la esperanza
B7   Em7   G/A   A7   D7M
La esperanza que alumbra el camino de mi soledad.

       A13   D7M G7M F#m7 Bm7   Em7 A7
Una vez nada más   se entrega el al - ma
        B7   Em7 GA   A7   D7M G A7
Con la dulce y total   renunciación
         D/F#   D°   F#m7   Bm7 Em7 B75+
Y cuando ese milagro realiza el prodigio de amarte
    Em7   G/B   G/A   A7   D6 Bb13
Hay campanas de fiesta que cantan en el corazón.

Voltar ao princípio para terminar:

       Em7   G/B   G/A   A7   Gm69 D7M
Hay campanas de fiesta que cantan en el corazó.

SUCESSOS DE MÁRIO MASCARENHAS

Três obras que não podem faltar na sua Biblioteca Musical

"O MELHOR DA MÚSICA POPULAR BRASILEIRA"

Esta extraordinária Enciclopédia de nossa Música Popular Brasileira, é composta de 10 volumes, com 100 Músicas cada um, desde a década de 1920.

Com Dorinha Meu Amor, Pelo Telefone, Abre Alas, até os mais recentes sucessos, esta coleção encantou não só todo o Brasil, como também o estrangeiro. Agora, então, que em diversos paises já existe até Escola de Samba, como na Inglaterra, Japão, França, etc, eles estão alucinados por nossa Música Popular.

Os arranjos são para Piano, mas servem também para Órgão Eletrônico, Teclados, Violão e Acordeon, porque as músicas são todas Cifradas.

"O MELHOR DA MÚSICA INTERNACIONAL"

Trata-se de uma obra realmente importante para aqueles que apreciam a Música Internacional. Quem não gostaria de tocar os inesquecíveis Blues e as inspiradas músicas americanas, francêsas, italianas, mexicanas, etc, que tanto falam aos corações solitários?

É relembrar com saudades os famosos "Temas de Films" e os belíssimos Fox, como Night and Day, Saint Louis Blues, The Shadow of Your Smile e muitos outros.

Os arranjos são para Piano, mas trazem as Cifras para Órgão Eletrônico, Teclados, Violão e Acordeon.

"É FÁCIL TOCAR POR CIFRAS!"
Método Prático de Piano Popular

Este é um livro exclusivamente dedicado às Cifras. Você ficará conhecendo tudo sobre Cifragem, desvendando todas as suas dúvidas, realizando o seu sonho de tocar qualquer gênero de Música Popular. Tanto no Piano como no Órgão Eletrônico, Violão, Teclados e Acórdeon.

Conhecer Cifras, não é só saber que C é DÓ MI SOL, que G é SOL SI RÉ, e sim, saber movimentá-las, dando-lhes a característica de cada rítmo de música que você deseja: Rock, Yê-Yê-Yê, Blues, Samba, etc.

Além de conter um Dicionário de Acordes Cifrados, traz também um Dicionário de Rítmos e um maravilhoso repertório de grandes sucessos Nacionais e Internacionais.